佐賀偉人伝
13

伊東玄朴

青木歳幸 著

佐賀偉人伝13　伊東玄朴目次

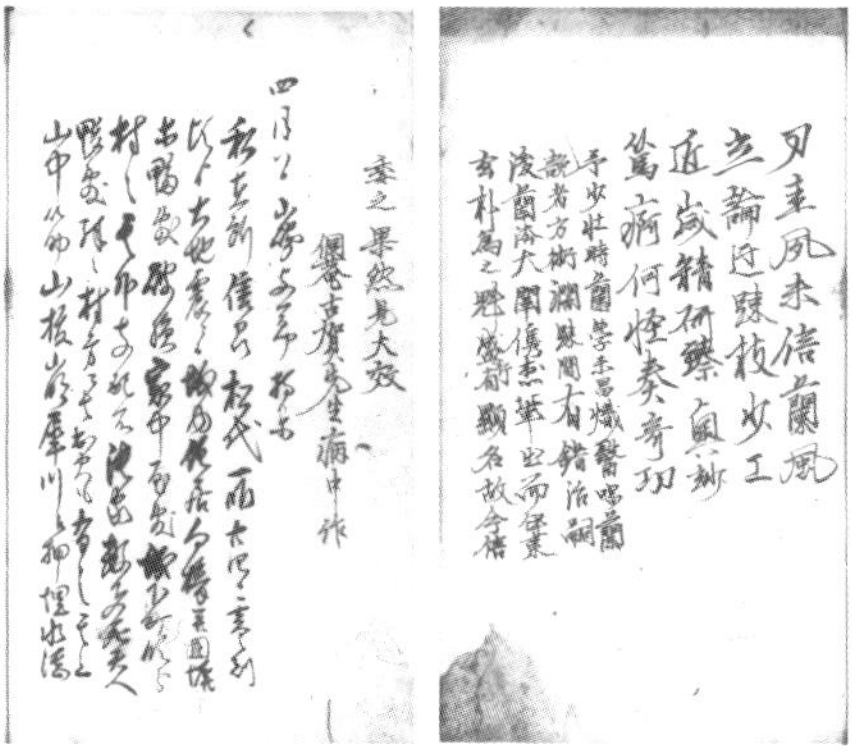

『鷹見泉石日記』／古河歴史博物館蔵

第一章　蘭方医伊東玄朴への道

眼光炯炯　人を射る

「軀幹短小にて、眼光炯炯《がんこうけいけい》人を射る、人の為に豁達《かったつ》、人に接するに城府を設けず、直《ただち》に肝膈（本心）を吐露す」。これは松尾耕三『近世名医伝』（明治十九年）にみえる伊東玄朴の人物評である。松尾耕三は嘉永六年（一八五三）生まれで、玄朴の最晩年を知ることができた人物であり、その評はかなり的確だと考えられている。

耕三は、玄朴について、体は小さいが、眼光は鋭く人を射るようだ、人のためには心が広く度量も大きく、人に接するとき城府（囲いや仕切り）を設けず、誰に対しても本心を吐露すると評した。

佐賀藩出身幕府儒学者古賀精里《こがせいり》の子で、幕府儒学者となった古賀侗庵《とうあん》が、亡くなる直前に、玄朴について評した文がある。

予少壮時、蘭学未昌熾、医唱蘭説者、方術闊疎、間有錯治、嗣後蘭法大闡、

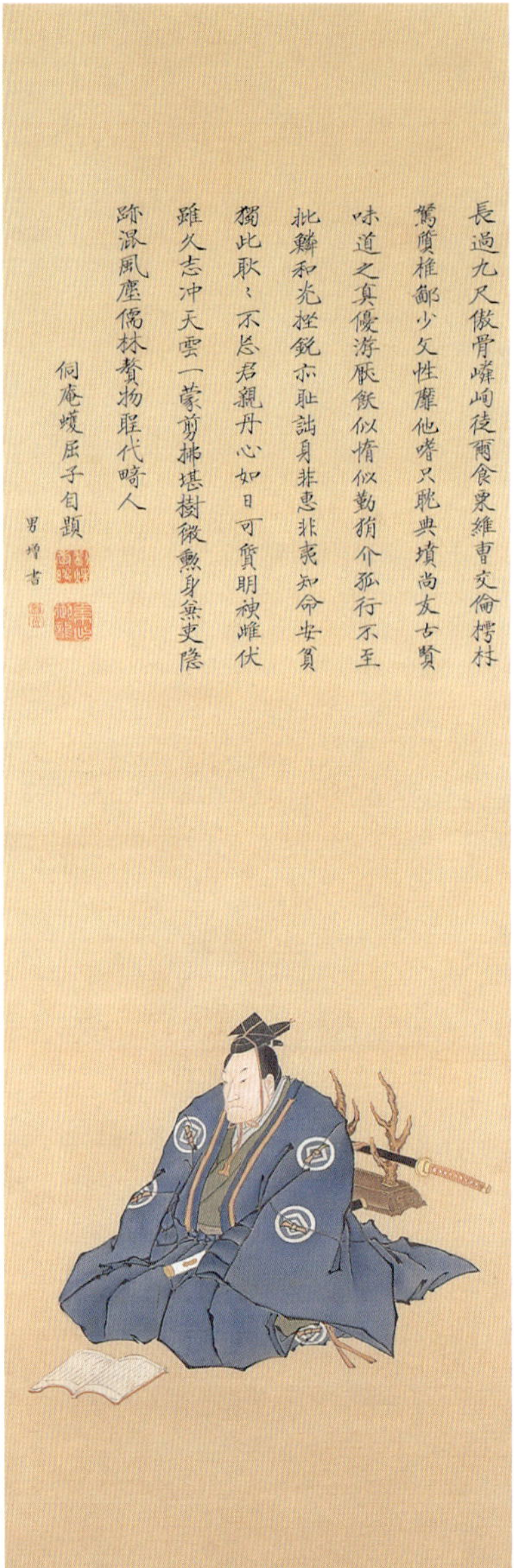

古賀穀堂（草場佩川画）・古賀侗庵肖像／佐賀県立博物館蔵

伊東玄朴旧宅の玄朴像

儁傑輩出、而伊東玄朴為之魁、盛行有顕名、故今倍委之、果然見大効。
侗庵古賀先生病中作。

（『鷹見泉石日記』）

大意は、予（侗庵）が若いときは蘭学はまだ昌熾《しょうし》（さかん）ではなく、医師で蘭説を唱える者も少なかった。方術（医術）は闊疎（ひろくおおまか）で、あやまった治療も続いていた。その後、蘭法は大いに闢《ひら》け、優れた人物が現れてきた。伊東玄朴はその魁《さきがけ》を為し、蘭学は大いに盛んとなり、顕名（世に隠れもない誉れ）があるゆえ、今に倍して之《これ》（治療）を委《まか》せれば、果然（思ったとおり）の大効（大きな効き目）をあらわすであろう。

しかし、侗庵は、玄朴の治療もむなしく、弘化四年（一八四七）一月三十日に病没したが、玄朴が先駆けとなって開いた蘭学による医療への期待と信頼をおいていたことがよくわかる。

神埼郡仁比山村の生家あとに建つ伊東玄朴像は、眼光するどく西方を見つめている。神埼の地に生まれた我が国近代医学導入の先駆者、蘭方医伊東玄朴はどのように育ち、どのように新しい西洋医学を学び、近代医学発展への道筋を切り開いていったか、玄朴とその生きた時代を描きつつ、玄朴の求めたものを探してみることにする。

玄朴の生まれた時代

十八世紀後半から、欧米諸国がアジアへの接近を活発化させ、日本近海に出没

宇田川玄随肖像
武田科学振興財団杏雨書屋蔵

しはじめ、文化元年（一八〇四）には、ロシア使節のレザノフが長崎に来航して、交易を求めたが、幕府は拒否した。

文化五年には、イギリス軍艦フェートン号が、長崎湾内に侵入し、薪や水、食料を奪って逃走する事件が起きた。このとき、長崎の警備を担当していた佐賀藩は、警備怠慢の咎で、九代藩主鍋島斉直《なべしまなりなお》が謹慎させられるなどの処分をうけた。佐賀藩は、以後、長崎警備の強化につとめることになった。

寛永十九年（一六四二）以来、福岡藩と交互に長崎警備を担当していた佐賀藩は、長崎に屋敷を置き、海外情報を集めた。佐賀藩医のなかには、オランダ通詞家で外科医の楢林家や吉雄家から西洋流外科を学ぶ者も出てきた。この時期の西洋流外科を紅毛流外科と呼ぶが、膏薬での切り傷などの治療が中心で、人体内部を正確に把握するものではなかった。

安永三年（一七七四）に、杉田玄白《すぎたげんぱく》らによって本格的な西洋解剖書の翻訳書である『解体新書』が刊行されて以後、紅毛流外科に代わって、人体内部の仕組みを正確に把握し、治療をするという新しい学問、すなわち蘭学が発達しはじめた。

蘭学は、オランダ（和蘭・阿蘭陀）語の書物を通じての学問なのでその名があり、とくに蘭学を学んで西洋医学中心に医療を行った医師を蘭方医と称した。『解体新書』刊行後、西洋医学書の原書の輸入がすすみ、その翻訳書も普及しはじめた。玄白門人の宇田川玄随《うだがわげんずい》が、寛政五年（一七九三）から『西説内科撰要』を刊行しはじめた。本書は、オランダ人医師による内科書を翻訳した、初めての本格的な西洋内科書であった。

執行家系譜

執行重兵衛
幸兵衛 ― 常十
重助 ＝ 繁
玄朴
玄瑞

執行家墓地　右から父重助、母繁、祖父幸兵衛の墓（神埼市神埼町的）

十九世紀前半の文化・文政年間（一八〇四～一八三〇）には、庶民に読み書きを教える寺子屋が急増して、農民の子らが教育をうける機会も増えた。手習いを終えた子供のなかには、より高いレベルの学問を追求して、学者や医者、僧侶などになる者も少なからず出てきた。農民の子でも望めば、学問ができる時代となっていたのが、玄朴の生まれた時代であった。

少年時代の玄朴

伊東玄朴は、寛政十二年（一八〇〇）十二月二十八日、神埼郡仁比山村（現・神埼市）の執行重助《しぎょうじゅうすけ》の長男として生まれた。幼名を勘造という。のち桃林、玄朴、長春斎、沖斎と号した。

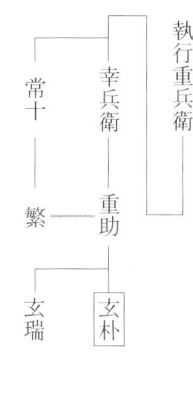

執行家は、家譜によれば、古代から神埼郡の守り神である櫛田宮の神職の系譜を引く家とあり、やがて仁比山村の山王社（日吉神社）の神職も兼ねたという。なお山王社など村内十三社は、明治四十三年（一九一〇）に合祀され、仁比山神社となった。仁比山神社の参道入口にある仁王門は、かつてこの地にあった護国寺の名残である。

勘造の曾祖父執行重兵衛は、宝暦十三年（一七六三）六月十五日に没した。重兵衛には二人の男子があって、長男幸兵衛が玄朴の祖父にあたる。重兵衛次男の幸兵衛弟は、常十という。幸兵衛は、享和二年（一八〇二）十二月四日に没したが、墓碑には享年九十一歳とあり長寿であった。父重助は幸兵衛の長男として生まれ、叔父常十の娘繁と結婚した。重助は、仁比山の不動院の被官として農業を

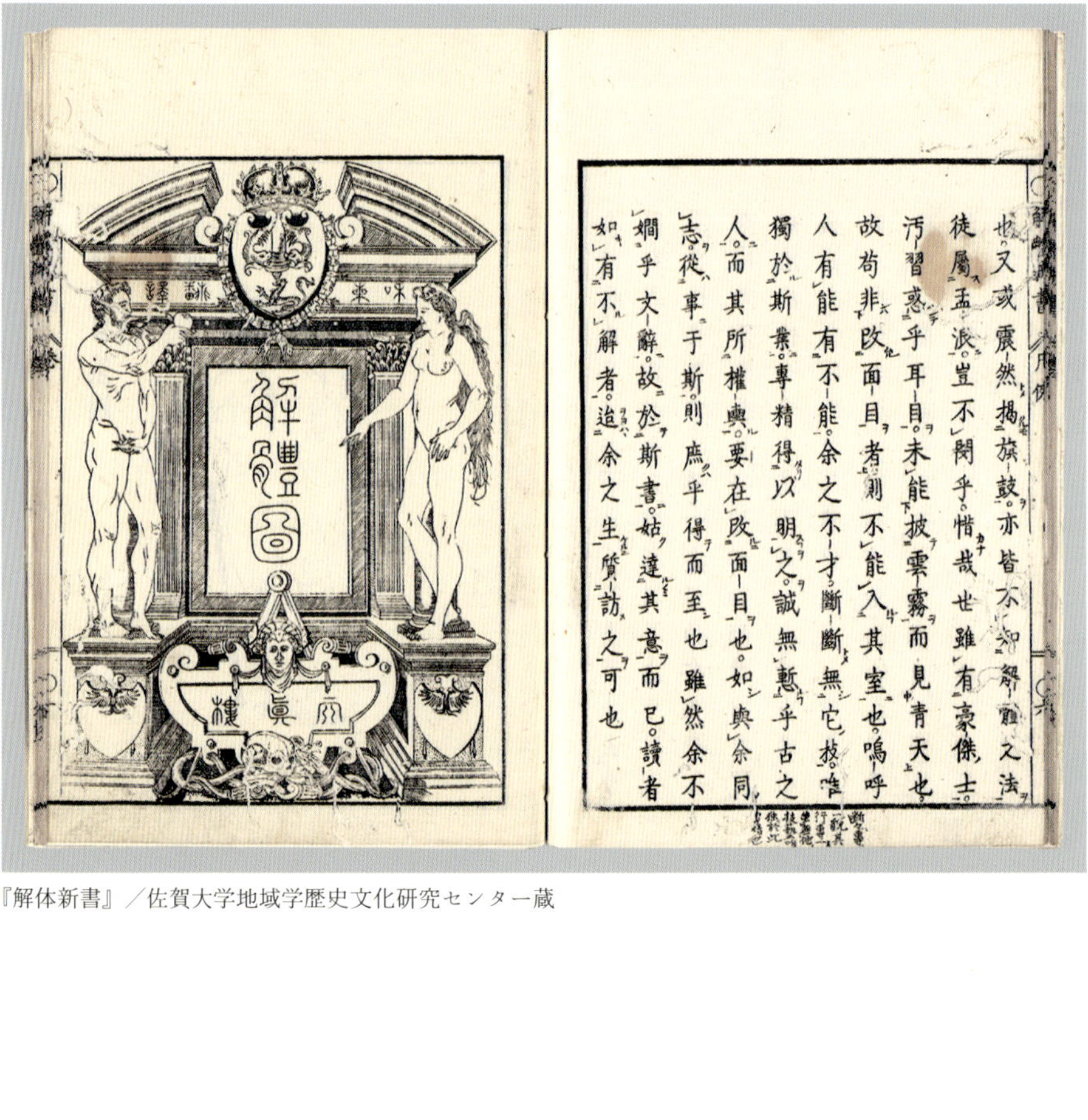

『解体新書』／佐賀大学地域学歴史文化研究センター蔵

古川左庵墓（神埼市・光蔵寺）

行っていた。被官とは、この場合、農民とほぼ同じ意味と考えてよい。

勘造が八歳のとき、弟が生まれた、弟の幼名は不明だが、のちに玄瑞《げんずい》という医師になるので玄瑞で記述する。文化九年（一八一二）、十三歳の勘造は、生家近くの仁比山不動院の玄透和尚に、文字や書を学びはじめた。玄透和尚は、文化四年に不動院の第十七世住職となり、二十八年の長きにわたり在職していた。勘造は、この師匠である玄透和尚に対して論難を吹きかけ、論争となり、破門されそうになったともいわれる（『伊東玄朴伝』）。

三年間で、学問の基礎を学んだ勘造は、さらに、医を学ぶために、隣村で開業していた漢方医古川左庵に入門した。文化十二年、勘造十六歳のときであった。古川左庵は、もと三養基郡豆津村の出身で、小淵村の医師古川家に養子に入り、医業を継ぎ、そのかたわら、近隣の子弟の教育にあたっていた。勘造が入門した当時、六十歳に近かったが、医師として、寺子屋師匠として、人望をあつめていた。文政十三年（天保元年・一八三〇）に病没し、小淵村浄土真宗光蔵寺に葬られた。享年七十二歳。墓碑には「釈證遊信士」とある。

勘造は、左庵宅で『傷寒論』、『金匱要略』などの漢方医学書を読みふけった。近くの山王社（日吉神社）へは毎朝、参詣していたが、昼間は勉強に集中し、神社の大祭があっても見物に出かけず、勉強していたほどだという（『伊東玄朴伝』）。師のもとで、医学の修業をつんだ彼は、左庵から桃林と称するようにいわれたという。が、その名前をいつまで使っていたかは史料的に確認できないので、以後、玄朴で記述する。

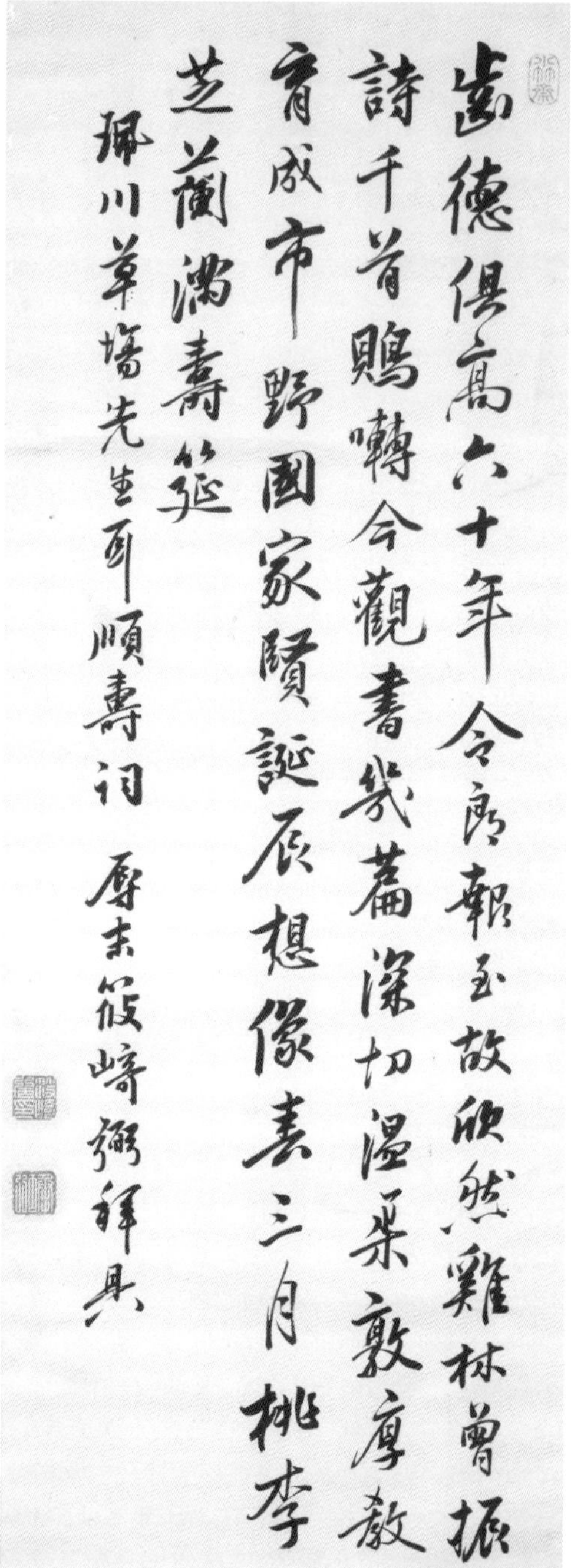

篠崎小竹書「珮川草場先生耳順寿詞」　歯徳倶高六十年。令郎報至故欣然。鶏林曾振詩千首。鴟囀今観書幾篇。深切温柔敦厚教。育成市野国家賢。誕辰想像春三月。桃李芝蘭満寿筵。珮川草場先生耳順寿詞。辱末篠崎弼拝具。

文政元年（一八一八）十一月に父重助が没した。玄朴は家に戻り、医を開業した。十九歳の玄朴は、亡父のあとをうけ、母と弟を養い、医業に精励した結果、家に残っていた借金も返済できた。生活を立て直した玄朴は、さらに医業を深めたいと考え、家を弟に譲り、佐賀城下へ修業に出ることにした。

玄朴と師島本良順

当時、佐賀城下の蓮池町に島本良順《しまもとりょうじゅん》（号龍嘯《りゅうしょう》、字大受《だいじゅ》）という医師が開業していた。良順は、蓮池町の漢方医の家に生まれ、医業を継いでいた。

しかし、宇田川玄随の『西説内科撰要』を読み、これからは西洋内科研究が必要であると決心した。一念発起して長崎へでかけ、オランダ通詞猪俣伝次右衛門《いのまたでんじえもん》について蘭学を学んだ。良順は、ここで蘭学や西洋医学の基本を学び、帰郷後は、佐賀城下の蓮池町で蘭方医として開業していた。

ここへ玄朴が入門した。文政五年（一八二二）、玄朴が二十三歳のときだった。良順は、玄朴の非凡な才能を見抜き、長崎での本格的な蘭学修業をすすめた。みずからの蘭学の師である長崎の通詞猪俣伝次右衛門に紹介するとともに、良順自身も、さらに蘭学を研究するために、同年暮れに大坂へ旅立った。

大坂には著名な漢学者篠崎小竹《しのざきしょうちく》がいた。彼は、佐賀藩出身儒者古賀精里の門人でもあった。医学の基礎用語は漢語（中国語）であったから、良順は、漢学研究を基にして、西洋医学を学ぶことにしたのだろう。篠崎小竹の門人帳に「島本良順　肥前佐嘉　医員　好蘭学　同（文政十年十一月三十日）但馬天民介」（『輔

伊東玄朴生家と内部／資料提供：神埼市教育委員会

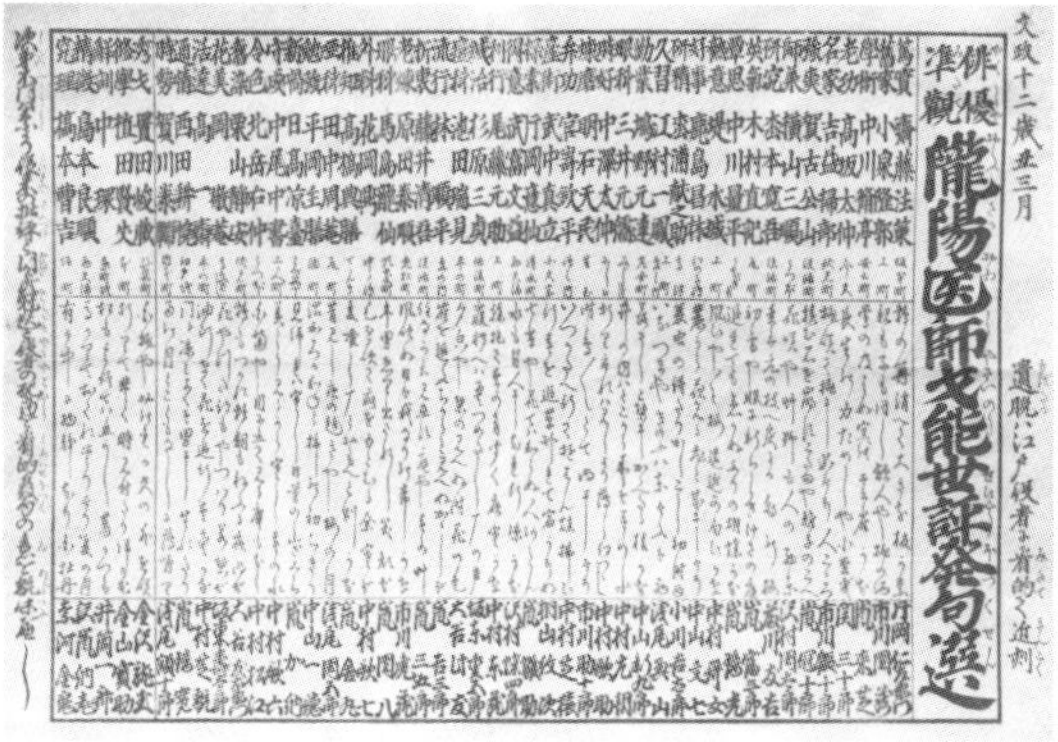
文政十二歳丑三月
俳優準観
朧陽医師才能世評発句選

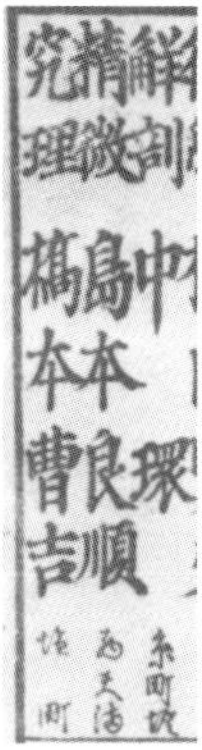
精緻
究理
中環
島本良順
橋本曹吉

『俳優準観　朧陽医師才能世評発句選』・同左部分／大坂医師番付集成14

仁姓名録・麗沢簿』）とあることから、良順は、十一月三十日に入門の手続きをとったことがわかる。

島本良順は、大坂で漢学や蘭学を再修業しつつ、天満町で開業した。大坂に出て三年後、文政八年九月発行『浪花御医師見立相撲』（大坂医師番付集成12　思文閣出版）に、「頭取　テンマ（天満）島本良順」と初めて記されるまでになった。さらに翌文政九年の『浪花御医師名所案内記』にも「頭取　テンハ　島本良順」と掲載されている。

良順の評判は日増しに高まり、文政十一年（一八二八）の『海内医人伝』には、名は若虚、字は大受・三蔵、号を玉川といい、西洋学で世に知られ、その著書・訳書は、『改鋳韻鏡』『医譚』『熱論』『痘診要訣』『眼科要訣』『産科要訣』『瘍科要訣』『分学綱領』『分学十律』『四行精論』『考定求力論』『臨疾活套』『瘍科図』など全部で十八部にも及ぶと記されている。

文政十二年三月刊の『俳優準観　朧陽医師才能世評発句選』には「解剖　中環　糸町端、精緻　島本良順　西天満、窮理　橋本曹（宗）吉　塩町」とある。良順の右隣は解剖の得意な中環とあり、緒方洪庵の師でもある中天游のことで、左隣は、窮理（物理学）で著名な我が国電気学の祖ともいわれる橋本宗吉であった。解剖と窮理で高名な二人に並んで記載されるほどの「精緻」な蘭方医として評価されていた。「精緻」という評価には、西洋医学だけを学ぶ蘭方医としてだけでなく、自然科学にも通じた学者という評価が含まれていよう。良順の学問的志向は、医学だけでなく自然科学にもむけられていた。

文政十二年の次に現存する番付である天保三年（一八三二）の「大坂御医師見立力合」には、すでに良順の名前はなく、以後の大坂医師番付には良順の名前がでてこないので、おそらく文政十二年末から天保三年の間に佐賀城下に戻り、蘭方医として開業したとみられる。

長崎修業時代の玄朴

話を玄朴に戻そう。玄朴は、良順のすすめに従い、長崎に赴いて安禅寺に寄宿し、そこから長崎通詞猪俣伝次右衛門家へ通い、蘭学を学ぶことになった。安禅寺住職澄運が良順の旧知の仲だったので、玄朴をひきとって学業を支援してくれた。長崎修業時代の玄朴の勉強ぶりは、『伊東玄朴伝』によれば次のようなものだった。

玄朴は朝早く寝床を出て、寺僧とともに掃除などの雑役をしおえてから、猪俣家へ赴き、時間を惜しんで勉強した。もとより学資が乏しかったので食料は飢えない程度しかなく、行厨《こうちゅう》（弁当）には焼き芋を入れ、あるときは豆腐カスに冷水を注いで食することもあった。猪俣伝次右衛門の妻はそれを見て、玄朴の行厨に米飯と魚類を入れて、自分は豆腐カスが好きだから交換すると言った。玄朴はその温かい思いやりに感泣したこともあった。

ところが、程なく安禅寺住職澄運が去ったため、玄朴は、安禅寺から出て、猪俣家の家僕（家の雑用をするための下男）にしてもらい、住み込みで働きながら、蘭学勉強に専念した。ほかの塾生が遊戯・雑談していても、一心不乱に勉強している玄朴だったから、他の塾生からは、馬鹿まじめな勘造ということで「馬鹿勘」とからかわれるほどだったという。

これらのエピソードは、いまや史料的に確かめえないが、玄朴のまじめな学究肌の人となりをよく表している。猪俣伝次右衛門は、オランダ商館長ズーフが、『ズーフ・ハルマ』という蘭日辞書を作成したときの日本側の通詞の一人だったから、蘭語力はかなり高いものがあった。

シーボルトと玄朴

文政六年七月三日（一八二三年八月八日）、オランダ船が長崎に入港した。この船に満二十七歳の若きオランダ商館医フランツ・フォン・シーボルトが乗っていた。シーボルトはドイツの医学系大学を出て、医学のみならず博物学への関心を高め、東洋の島国、日本の動植物調査の目的をもって、オランダ商館医の職につき、日本へ上陸した。

オランダ商館のある出島への出入りは厳しく制限されており、これでは日本研究ができないと考えたシーボルトは、日本人患者のためにオランダ通詞宅での治療を申し出て許可された。さらに文政七年六月に、長崎郊外の鳴滝に蘭学塾を開くことができた。

シーボルトは週一回、鳴滝塾に出向いて、診療のかたわら、医学生らに臨床講義や医学実習をし、学生にオランダ語による博物学的論文の提出を命じて、日本についての博物学的知識を深めた。

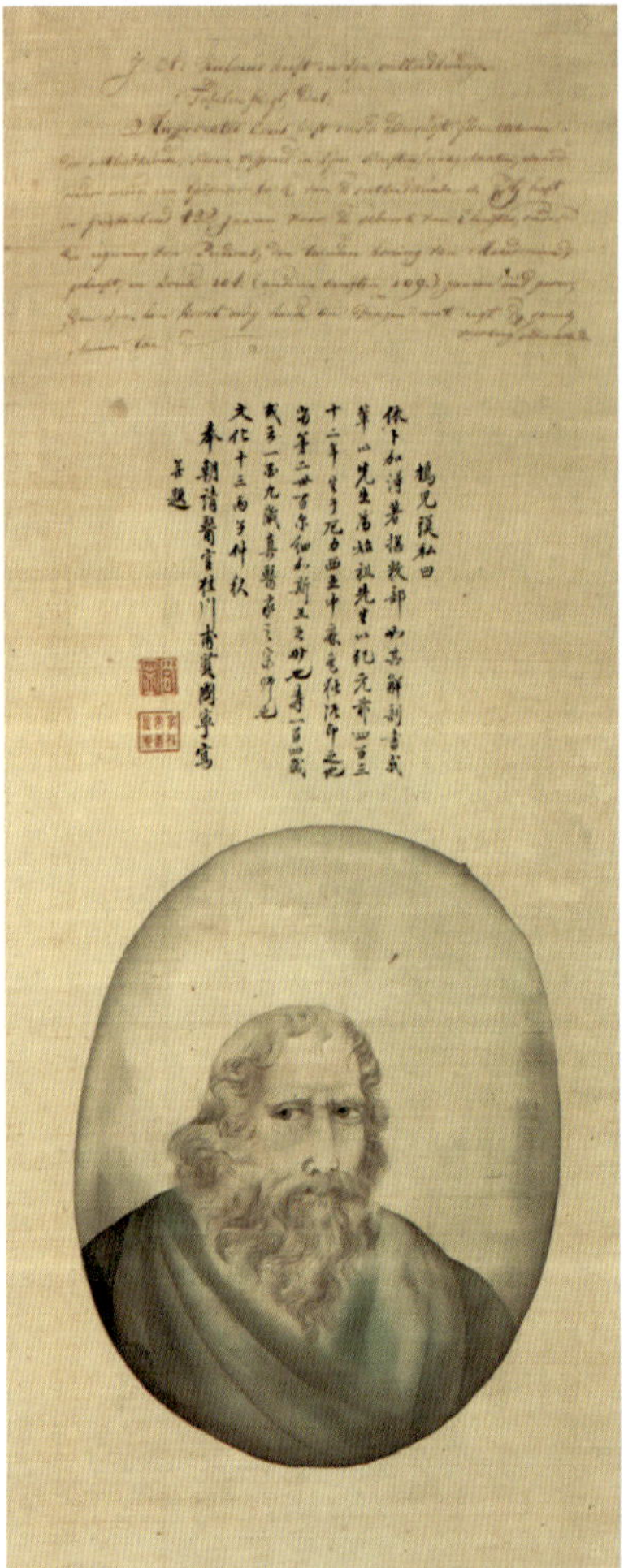

桂川甫賢「ヒポクラテス像幷賛」／早稲田大学図書館蔵

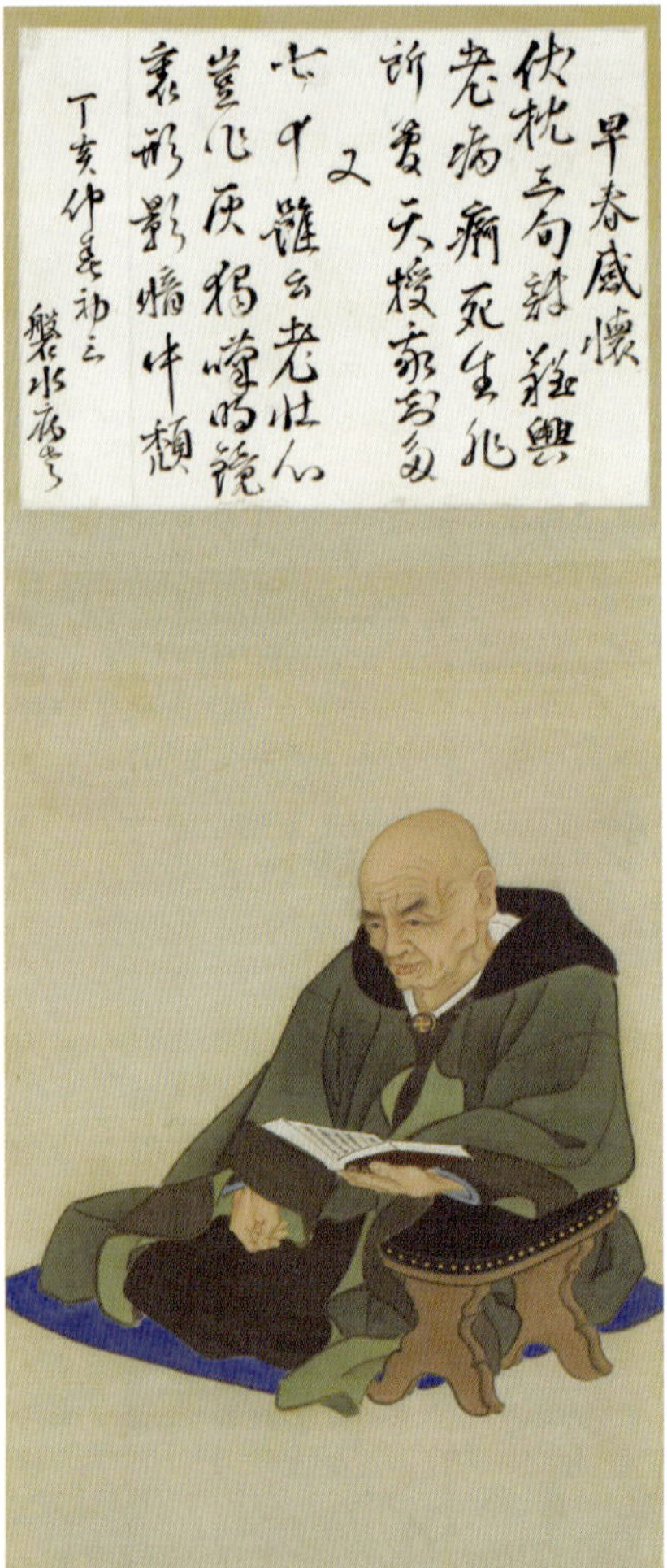

大槻玄沢肖像（小田百谷画・大槻磐水賛）／同右

土生玄碩肖像
武田科学振興財団杏雨書屋蔵

シーボルト肖像（川原慶賀画）
長崎歴史文化博物館蔵

玄朴もまた猪俣家から鳴滝塾に通学することができ、シーボルトに学ぶことができた。このころは滝野玄朴と称していた。文政七年八月二十六日に、母繁が亡くなったため、いったん、郷里仁比山に戻ったが、のちに再び長崎へ出て、シーボルトに学んだ。

シーボルトの鳴滝塾での記録に、玄朴の名前は出てこない。猪俣塾からの通学生であったことと、シーボルトの江戸参府以前に長崎を離れたからであろう。が、シーボルトの外科手術などを見聞していたことは間違いない。

文政九年一月九日（一八二六年二月十五日）、シーボルトは商館長の江戸参府に随行して長崎を出発した。途中、雲仙岳の高さを測ったり、嬉野《うれしの》温泉や塚崎（武雄）温泉などで温泉の化学分析をしたり、蘭方医や本草学者らと学術交流をしつつ、測量や植物採集を続けながら江戸へ向かった。

三月三日（四月十日）に江戸本石町の長崎屋に着いた。早速、老地理学者最上《もがみ》徳内《とくない》がやってきて話がはずんだ。幕府侍医の桂川甫賢《かつらがわほけん》、蘭方医の大槻玄沢《おおつきげんたく》、中津藩主、薩摩藩主ら、幕府侍医土生玄碩《はぶげんせき》も訪ねてきた。

土生玄碩は眼科手術用の開瞳薬となる植物を教えてもらうために、将軍家から拝領の葵の紋付き羽織をシーボルトに提供して、開瞳薬ベラドンナを教えてもらった。

シーボルトは、江戸に一ヶ月ほど滞在し、天文方役人高橋景保《たかはしかげやす》との会談で、景保にオランダ国属国絵図やロシアのクルゼンシュタインの航海記、地理書などを与え、景保は、かわりに、蝦夷地の地図や、間宮林蔵《まみやりんぞう》の樺太探検記『東韃《とうだつ》紀行』

シーボルト『NIPPON』に描かれた最上徳内肖像／福岡県立図書館蔵

などをシーボルトに与えた。そして、シーボルトがとくに望んだ伊能忠敬《いのうただたか》が調査した日本地図を、密かに部下に命じて写させてから贈ることを約束した。

シーボルトは、四月十二日（五月十八日）、江戸を出発した。帰路もまた道中で蘭学者たちと交流を深めている。長崎に戻ったのは六月三日（七月七日）で、シーボルトにとってこの江戸参府の旅は、さまざまに収穫のある旅であった。

江戸に出る猪俣家と玄朴

文政九年（一八二六）、シーボルトの江戸参府に随行するかたちで、玄朴は、猪俣伝次右衛門夫妻、猪俣源三郎昌之、娘照とともに江戸に出発した。ところが、途中の沼津で伝次右衛門が四月十二日に急に没した。

これについて、シーボルトが江戸から長崎に帰る途中に沼津に泊まり、「五月二十二日（和暦四月十六日）等は三島より沼津Numasuに来る。ここにて暫く前に我通詞の一人切腹して死亡したり」（『江戸参府紀行』）と記録しており、伝次右衛門の死は切腹であった。しかし、その理由は明らかではない。

ともかく伝次右衛門は死にあたり、玄朴に娘照を託し、玄朴もまたそれを承知した。一行は江戸に着き、源三郎は天文方に仕事を得て、玄朴らは江戸に在住した。

天文方に仕えたオランダ通詞を天文方詰通詞という。文化五年（一八〇八）に、オランダ通詞馬場佐十郎貞由が初代天文方詰通詞となり、西洋百科事典などの翻訳にあたった。馬場は文政五年（一八二二）に三十六歳の若さで病没したため、翌年長崎から吉雄忠次郎が出府してあとを次いだ。

忠次郎は、文政九年には、景保の命をうけて、蘭学者青地林宗とともにナポレオンの戦記を訳している。青地林宗は、伊予松山藩の出身で、馬場佐十郎に学び、天文方訳員となり、日本初の物理学書『気海観瀾』（文政十年）を著している。のち玄朴に対しても資金援助もおこなっている。

シーボルトが江戸にやってきたとき、通訳にあたった一人が吉雄忠次郎で、忠次郎は、シーボルトの翻訳を手伝うために、シーボルトらと長崎に帰った。そのあとを補う形で、猪俣源三郎が天文方詰通詞として活躍することになったのだった。

猪俣源三郎と鷹見泉石の親交

猪俣源三郎は、通詞としての実力もかなり高く、すぐに江戸の蘭学者仲間に知られることとなった。古河藩用人（のち家老）で蘭学者の鷹見泉石も源三郎に種々依頼しはじめた一人だった。

文政十年（一八二七）の『鷹見泉石日記』から、源三郎との交流を示す記事を探すと左のようにかなりある。

二月一日に泉石は源三郎へ手紙を出した。二月三日に返信とともに蘭画やインキポッド（インク壺）、酒などが届けられた。一月後の三月十二日には、泉石は天文台へ出かけて蘭書を借り、六月晦日に返却している。七月十七日には、天文台の源三郎のところへでかけ、和蘭地図やウエイランドの辞書や太陽暦の翻訳や斡旋を依頼した。ウエイランド（P.Weiland）は、オランダの語学者で、その著『オランダ語辞典』や『オランダ語文法』などが、日本に輸入され、蘭学者のオランダ語学習の基本書となっていた。

八月三日には、ゼヲガラヒー（地理書）小冊絵図入を一冊借用している。八月二十八日には、昼より源三郎のもとへでかけ、ウエイランドの主著『オランダ語辞典』とアンスレイン著の小学校教科書『算数』を購入している。七月十七日に依頼したウエイランドの辞書がおよそ一ヶ月後に入手できた。

九月二日には「源三郎弟、入来。aardryku Bedchryding 1823 持参貰受、且砲術備要一冊借受」とあり、「源三郎弟」が持参した蘭書を貰い受けている。これはaardrijkshesschrijving で、高橋景保所蔵のドイツのヘルデル（J.Gelder）著『一般地理学』とみられる。

ここで注目すべきは、源三郎弟という記述である。源三郎弟にあたるのは実弟の猪俣瑞英か、妹照の許嫁である義弟伊東玄朴である。どちらか確定しがたいが、玄朴は、源三郎を通じて、鷹見泉石とも知り合いになったことはほぼ間違いない。九月六日には、『四十二国人人物図』二冊、『阿蘭陀馬乗方聞書』一冊を借用している。十一月二十九日になると、源三郎が泉石宅へやってきて、二人で酒を酌み交わした。そのときに源三郎は、長崎オランダ商館内のフィッセルと商館長スチュルレルとの対立を述べている。

泉石と源三郎の親交はこのように親密であったが、その後の二人の交友関係が

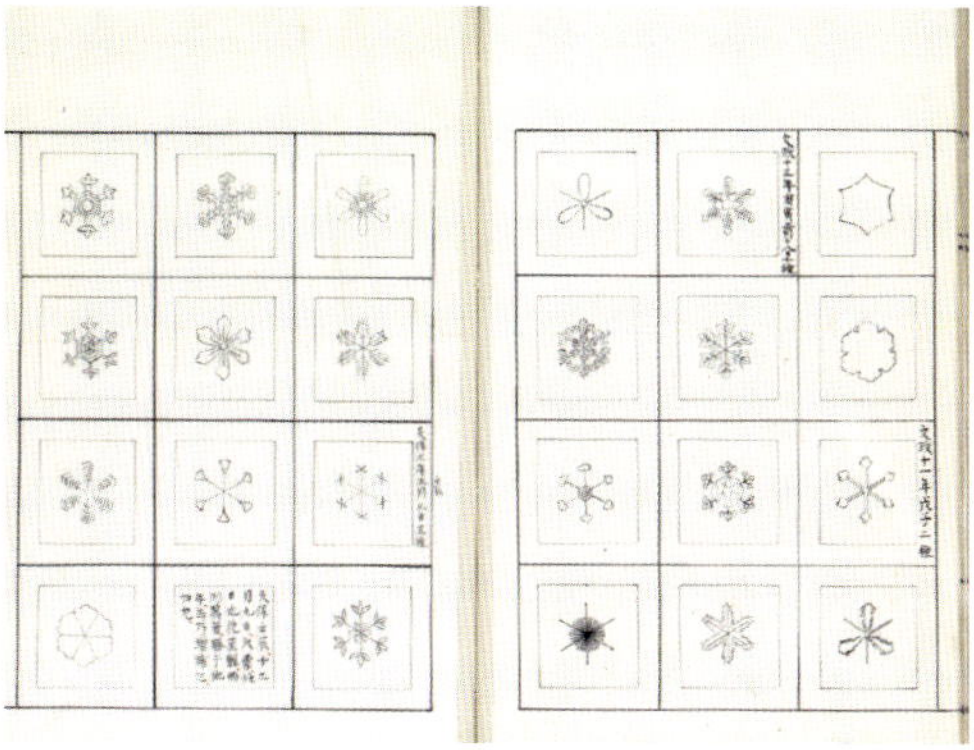
高橋景保校「雪の形状試験の説（雪の説）」
東北大学附属図書館蔵（狩野文庫）

不明になる。泉石の日常的な日記が、シーボルト事件の起きた文政十一年から天保五年まで欠いているからである。やはりシーボルト事件の影響を恐れて、泉石は関係書類を処分したものとみられる。

　ただ、文政十一年に、源三郎が泉石の求めに応じて、オランダのマルティネト『格知問答』（一七七八年版）の一部を猪俣昌之訳、高橋景保校「雪の形状試験の説」として翻訳し、これが鷹見泉石の主人古河藩主土井利位の『雪華図説』（天保三年・一八三二）へとつながったことが判明している。

　このように猪俣源三郎は天文方で、長崎からやってきた通詞として、高橋景保や鷹見泉石ら江戸の蘭学者仲間から敬意をもって迎えられていた。そして玄朴もまた、天文方にいる源三郎の手づるで、蘭学者仲間に知られはじめたのが、文政十年段階における江戸での実情であったろう。

シーボルト事件と玄朴

　文政十年（一八二七）春、天文方の高橋景保から源三郎はシーボルト宛の書状と包みを託された。じつはこの中身は、シーボルトから景保が依頼された伊能図の精密な写しであったといわれる。

　源三郎はその包みを、郷里の肥前に帰るついでの玄朴にシーボルトへ渡すことを依頼した。玄朴は、長崎へ向かい、シーボルトにこの包みを渡してから熊本の友人林藤次宅によって、数旬後に江戸に戻った（『伊東玄朴伝』）。

　翌文政十一年秋に、シーボルトが帰国するための荷物の中から、国外持ち出し

伊東家系図

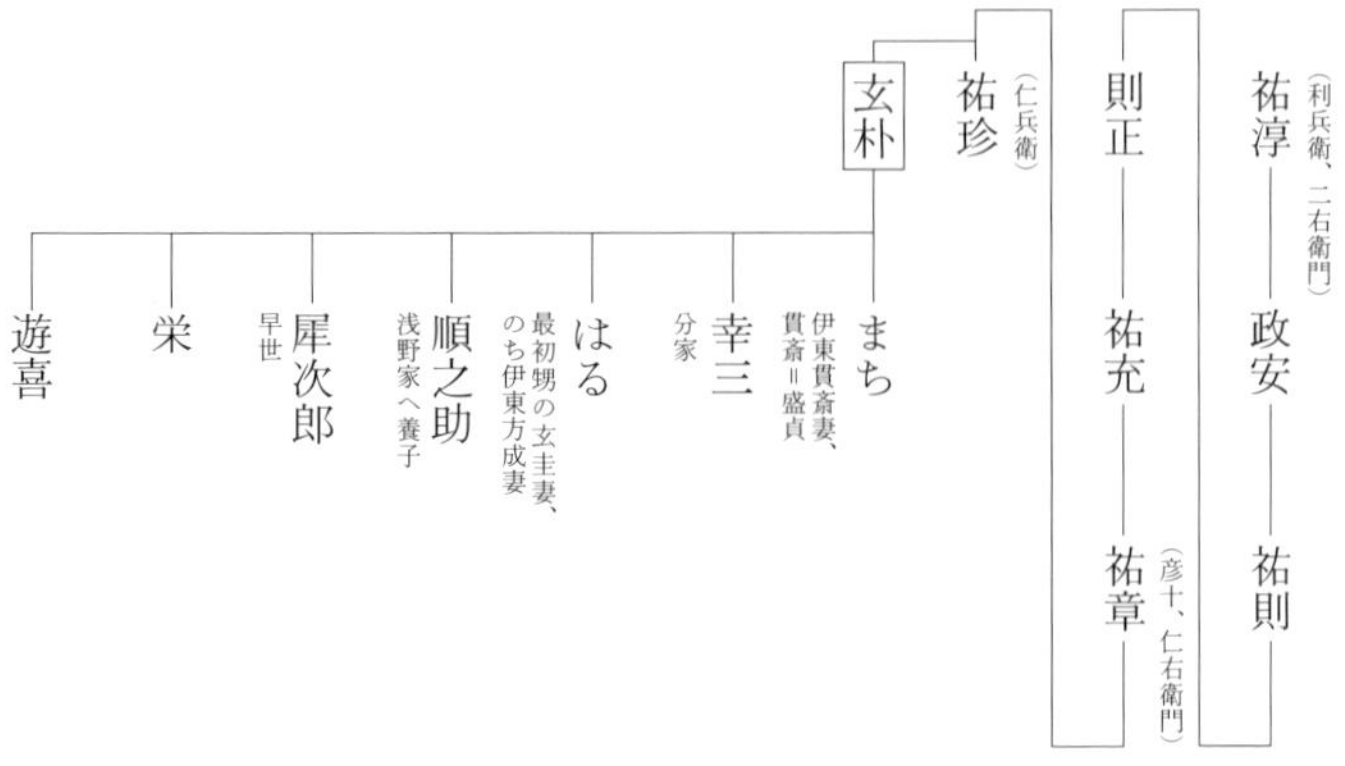

禁止の精密な日本地図（伊能図）が見つかり、江戸と長崎で吟味（捜査）が始まった。いわゆるシーボルト事件である。

従来、シーボルト事件の発端は、文政十一年八月九日、大きな台風（のちにシーボルト台風とよばれた）が長崎を襲い、出発予定の船が難破し、座礁した船の荷物から地図が見つかり、捜査が始まったとされてきたが、最近の研究では、じつはまだ荷物は帰国船には積まれておらず、幕府役人で探検家の間宮林蔵がシーボルトからの手紙を上司へ届けたことがきっかけで、高橋景保周辺の探索や長崎のシーボルト宅や積荷への捜査が行われ、地図が発見されたということが明らかになった。

地図を贈った首謀者として捕らえられた高橋景保は、翌文政十二年二月十六日に獄中病死した。源三郎も刑が定まる前の文政十二年九月十一日に亡くなった。自害説（『伊東玄朴伝』など）と病死説の二説あるが、歴史研究者原平三氏の研究で青地林宗らによる病死検視届が紹介され（『日本医史学雑誌』一三三三、四号）、病死であることが明らかになった。が、源三郎の死により、妹照の夫である玄朴への咎が及ばないようになったともいえる。

玄朴は、自首して何も知らなかったと述べ、かつ、母方の親戚の佐賀藩士伊東祐章の子伊東祐珍《ゆうちん》仁兵衛の義弟となり、一介の町医者から藩士身分になっていたことにより、町奉行からのそれ以上の追求を逃れることができたとみられる。こうして滝野玄朴から伊東玄朴と改名し、難を逃れた。

シーボルトに対しては、文政十二年に国外追放の命令が出された。こうして、シーボルトは同年十二月五日にハウトマン号に乗って日本を去った。シーボルトが去ったあと、江戸や長崎で関係者や門人らがそれぞれ処分をうけた。

シーボルト事件は悲劇的な事件であったが、シーボルトの来日によって、臨床医学が展開し、外科や眼科の手術などのほかに、病理学、生理学などの基礎医学や関連自然科学の重要性も認識され、彼らの門人らにより全国各地に、最新の西洋医学が伝えられるようになった。本草学・物産学は、植物学、博物学、鉱物学など自然科学へと展開した。

第二章　蘭方医伊東玄朴の活躍

江戸下谷町で開業

文政十年（一八二七）中に、長崎でシーボルトに包みを渡して江戸に戻った玄朴は、天文方の手伝いもしながら、文政十一年になって、江戸本所番場町に医を開業し、猪俣伝次右衛門との約束通り伝次右衛門娘照と結婚したのだった。玄朴二十九歳、照十七歳の新たな旅立ちであった。家財道具類は、青地林宗から五両を借りて整えたという。

青地林宗は、幕府天文方の訳員であったから、源三郎を通じて、玄朴夫妻のこともよく知っており、資金援助をしたのだろう。林宗は、天保四年（一八三三）に亡くなるまで、若い蘭学者の育成に力を注いでいた。なお、林宗の長女粂は、玄朴友人の蘭学者坪井信道に、二女三千子は玄朴門人伊東玄晁に、三女秀子は化学者川本幸民に嫁いでいる。秀子と川本幸民の結婚が林宗死後の天保六年十二月に執り行われたが、その媒酌の労をとったのは伊東玄朴だった。家具も買えなかった貧しい玄朴へ五両を貸してくれた林宗への恩返しの意味があったのだろう。

林宗門人には、のちに玄朴と大変親しくなる米沢藩出身の堀内素堂《ほりうちそどう》もおり、文政期の青地林宗は、若き蘭学者の庇護者的存在でもあった。

文政十一年から十二年にかけて、シーボルト事件、天文方高橋景保や妻の兄源三郎の死という試練をへて、開業を続けていた玄朴であったが、開業当初はほとんど流行らなかったようだ。たまたま、近村の質屋の男児が馬脾風《ばひふう》（ジフテリア）にかかったのを治癒させ、さらに植木師の子の馬脾風を治癒させたことで、ようやく知られるようになり、患者が増えていったという（『伊東玄朴伝』）。

医業が盛んになり手狭になったのだろう。文政十二年になって、下谷長者町に移って医業を続けた。ところが文政十三年（天保元年）三月二十一日、近隣の出火により伊東家もまた類焼し、家財・調度一切を失う被害をうけた。その時、また馬脾風が流行したため、家を顧みる間も惜しんで、その治療に東奔西走して診療にあたったことで、名医としての評判が高くなった。

天保元年（一八三〇）には、佐賀藩主鍋島直正が十七歳で家督相続をして、藩儒者古賀穀堂とともに改革に乗り出した。倹約令を出し、人材登用をすすめた。古賀穀堂は蘭学を世界一統の学問としてとらえていたから、佐賀藩へ蘭学の気風を入れようと考えていた。

蘭方医玄朴の名声が、藩主鍋島直正にも知られることとなり、天保二年十二月十五日に、蘭学抜群のため一代士として佐賀藩医に取り立てるという命令が玄朴に出された。一代士とは、その本人一代に限り武士身分を与えるというものである。

伊東仁兵衛弟

伊東玄朴

其方儀、蘭学医術抜群上達の向きを以て、御用にも相成るべくに付き、七人御扶持下し置かれ、一代士に召し出さるる旨仰せ出され候

（『伊東玄朴伝』）

一人扶持とは、一般的に一日米五合分を支給することで、農民出身の伊東玄朴が、蘭学という新しい医術・学問を身に付けた結果、一代限りではあるが、七人扶持の佐賀藩医として武士身分になったのである。文化・文政時代以降、このように、農民から医師や藩医になる事例が増加してくる。

天保初年前後に、江戸で蘭学塾が次々と開かれた。天保元年（一八三〇）には、シーボルト門人の高野長英が江戸麹町に大観堂を開き、宇田川榛斎門人の蘭方医坪井信道は、文政十二年（一八二九）に江戸深川に安懐堂、天保三年に江戸冬木町に日習堂を開いた。シーボルト門人戸塚静海は、シーボルト事件後も天保二年の解散まで鳴滝塾にとどまっていたが、天保三年に江戸で開業し、シーボルト門下の外科医として、評判が高くなった。

象先堂の開塾と塾則

佐賀藩医に取り立てられた玄朴の評判はさらに高まり、患者も増加し、門人も増えた。そこで、三十四歳の天保四年（一八三三）、江戸下谷御徒町に象先堂を

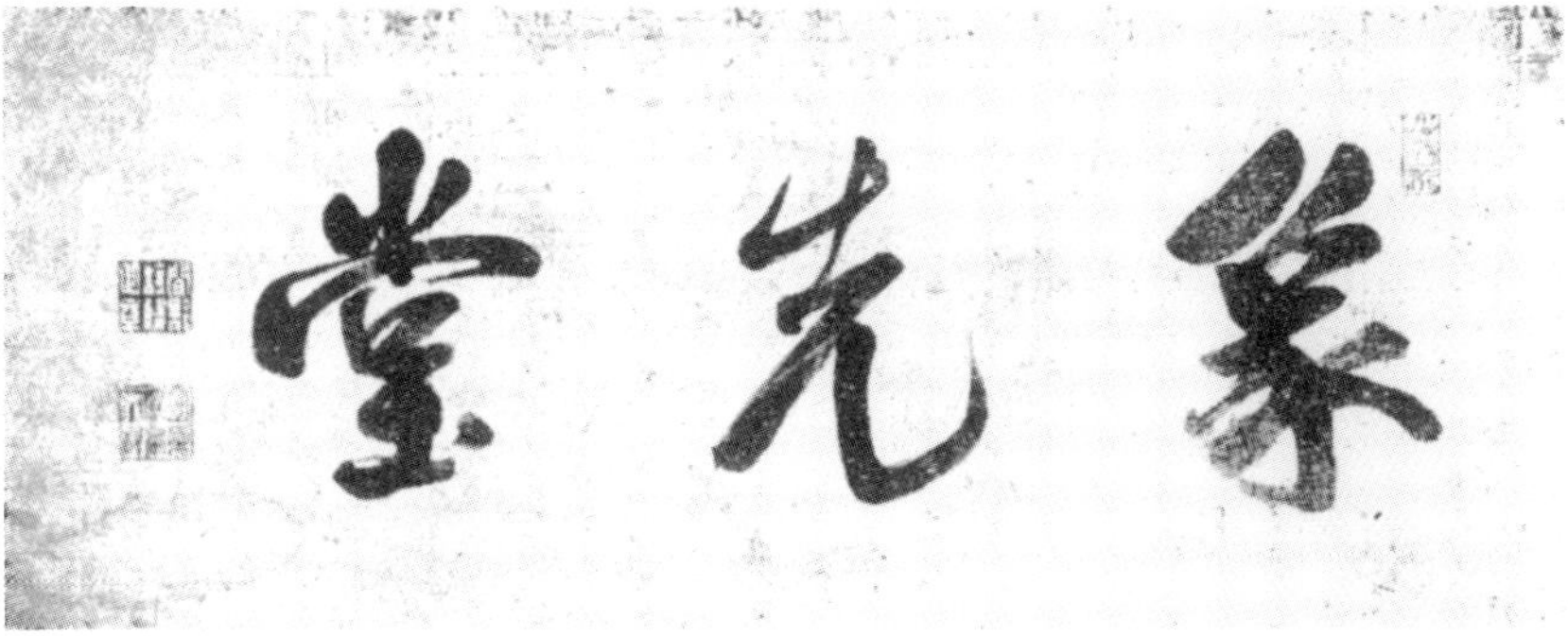

間部詮勝筆「象先堂」扁額
伊東栄『伊東玄朴伝』玄文社

開いた。表口二十四間（約四十三メートル）、奥行三十間（約五十四メートル）もある大きな家で、診察所、調薬所、門弟寄宿所などの部屋もある堂々たる塾であった。構造一棟で室が多く、障子をもって境とし、はずせば一大講堂となる設計で、木匠は、遠州屋周蔵という坪井信道の塾も建築した名工であった。

　象先堂のあった場所は、現在の台東区一丁目三十番地にあたる場所である。象先堂の玄関にかざられた「象先堂」扁額は、友人の漢学者大槻《おおつき》磐渓《ばんけい》が撰し、越前鯖江藩主間部《まなべ》詮勝《あきかつ》の筆という。間部詮勝は天保十一年（一八四〇）に老中となるなど、幕府開明派の一人であった。江戸に出て十年たらずで、人脈をつくり、このような大きな塾を開く玄朴は、医者としてまた経営者としての能力がきわめて高かったといえよう。

「象先」の意味は、現象の先にあるもの、本質をみるという意味で、病気で例をとれば、病状の先にある病気の真因を把握するという意味と考えられる。

　患者は、「建築なりて後も患者群衆し、玄関も腰掛等もあきまもなく街路に彷徨して番を待つ人さへあり、果ては宅の前に掛け茶屋・飲食店などできる程になりたり」（『伊東玄朴伝』）というほど、最初から繁盛したという。

　象先堂塾に入門するためには、束脩《そくしゅう》を納めることが必要だった。「脩」とは古代中国で干し肉の束十組のことを指し、入学や入門時に、師匠へ謝礼として納めた風習から、江戸時代でも入学金などを束脩と呼ぶようになった。

　象先堂の束脩は、幕末の事例をみると、入門時に金二百疋（一両＝四百疋）と扇子一箱を玄朴へ、奥方へ鼻紙料金百疋と金五十疋、若先生と塾頭、塾中へ各金

宇田川榛斎肖像
武田科学振興財団杏雨書屋蔵

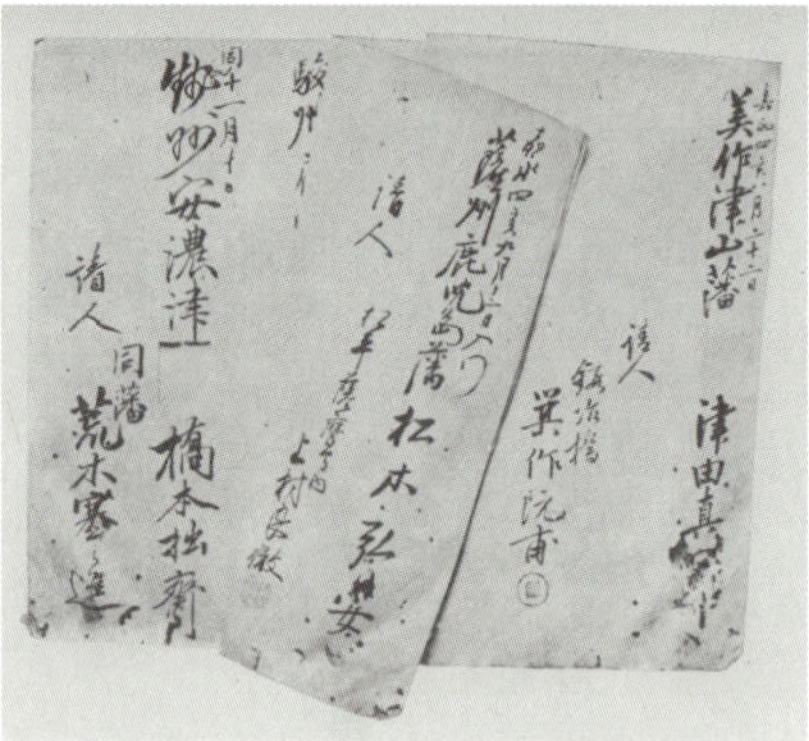
象先堂入門者請人自署
伊東栄『伊東玄朴伝』玄文社

五十疋ずつ、下僕に五十疋を納めるきまりで、同時代の坪井信道塾と比べ高額といわれた。

象先堂より一年ほど早い開塾の坪井信道の日習塾では、金百疋並びに扇子料として金五十疋を信道に、五十疋を奥方へ、五十疋を塾頭へ、二人の塾監へ半紙各二帖ずつ、同僚各氏へ半紙一帖ずつ、下僕一人に銭二百文の規定なので、幕末と天保期の時代差があるにしても、たしかに信道塾のほうが象先堂の半額程度の割安ではあった。ただ、玄朴は束脩などから蘭書などを購入し、門人らに活用させていたので、所蔵蘭書の多さは門人にとって大きな魅力だった。

また入門時には武士・藩医でも庶民でも、請人《うけにん》という身元保証人が必要だった。入門時の事例を『伊東玄朴伝』所収の写真図版から二例あげておく。

①嘉永四亥六月二日入門
　薩州鹿児島藩　松木弘安
　　請人　松平薩摩守内上村良徹
②嘉永四亥八月二十二日
　美作津山藩　津田真道
　　請人　鍛冶橋箕作阮甫

薩摩の松木弘安は、明治新政府での外交官寺島宗則である。松平薩摩守は松平姓を与えられた島津家のことで、鹿児島藩（薩摩藩）主のこと。請人上村良徹は

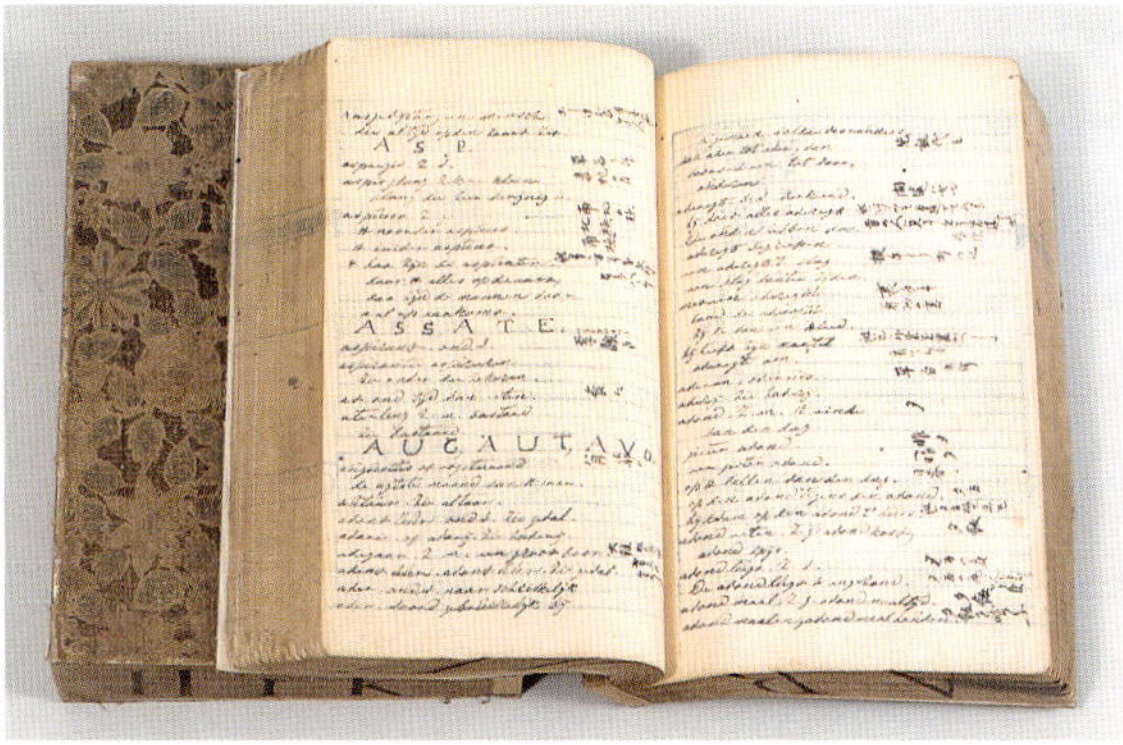
伊東玄朴手沢和蘭辞典／佐賀県医師会蔵

もと菊池良徹で、シーボルト門人との伝承があり、今和泉島津家へ招かれ、のち鹿児島本藩の奥医師となった。

美作津山藩出身の津田真道は、蕃書調所《ばんしょしらべしょ》に出仕後、西洋法学の先駆者となり、明治新政府では司法省・外務省などに勤務し、貴族院議員にも就任した。請人の住居の鍛冶橋は津山藩江戸屋敷の所在地で、津山藩出身箕作阮甫《みつくりげんぽ》はここで翻訳の仕事を始めた。

塾の規則は厳しく、遅刻や無断外泊についてはとくに厳しく制限した。象先堂の塾則（年次不詳）は左の通りである。

塾則

一、蘭書並翻訳書之外雑書読候事一切禁止
一、飲酒雑談堅無用
一、外出一月五回之外決而不相成、若不得止事遅刻止宿之節者請人より印鑑付之書状持参之事
一、入湯結髪者一々奥え相届札差出帰塾之上無失念札請取可申事
一、毎朝五ッ時迄奥え札差出、夜四ッ時請取可事
右件々相背候節は、廿日禁足並調合処当直可相勤、若及再三者退塾之事

（『伊東玄朴伝』）

まず、塾では蘭書と翻訳西洋医学書のほかは雑書は一切読んではならないとした。また塾での飲酒と雑談も禁止した。外出は一ヶ月に五回以内で、やむをえず

門人姓名録
肥前佐嘉藩　上村春菴
讃岐高松藩　梶原官炊
浅草福井町　泉　玄道
肥後熊本藩　福間長安
武州川越藩　望月久菴
上総関宿藩　江澤昌悦
筑後柳川藩　益城良齋
上野前田藩　畑　道意

門限に遅刻したり外泊するときは、請人の印を押してある書状を提出することとした。入湯や髪結いのために外出するときは、そのつど奥方へ札を届けて、帰塾の上は札を受け取っていつもの場所に懸けておくこと、それは毎朝五ッ時（朝四時ごろ）までに奥へ出し、夜四ッ時（夜十時ごろ）までに受け取ることという厳しいものであった。もし、これらに違反したら二十日間の外出禁止と調合所の当直を命じ、違反が再三に及ぶと退塾させられた。

象先堂門人たち

象先堂の『門人姓名録（簿）』（『伊東玄朴伝』所収）に、上村春庵から、明治三年（一八七〇）八月入塾の奥州津軽弘前藩医小野圭庵まで、四〇六人が記されている。別表（106・107頁）に門人全員の名前を掲載した。

患者が増え、門人の手数が足りなくなったらしく、開塾後三年ほどして、玄朴は佐賀の蘭学師匠である島本良順に、忙しいので、しかるべき技量のある門人を江戸の象先堂まで派遣してほしいと手紙を書いた。良順は自分の門人のなかから、小城藩医の堤柳翠《つつみりゅうすい》を派遣することにした（『小城藩日記』）。

堤柳翠は、天保七年（一八三六）三月八日に小城藩から暇願を認められ、象先堂に入門し、『門人姓名録』三十四番目に記載されることになった。従って、堤柳翠までの三十四人の門人は、天保七年四月ごろまでに入門した人物と見ることができる。一年平均十一人程度の入門者となり、やはりかなり盛況である。百十番目に「弘化二年年（一八四五）九月十五日　肥前佐賀藩　上村周聘《うえむらしゅうへい》」と記載さ

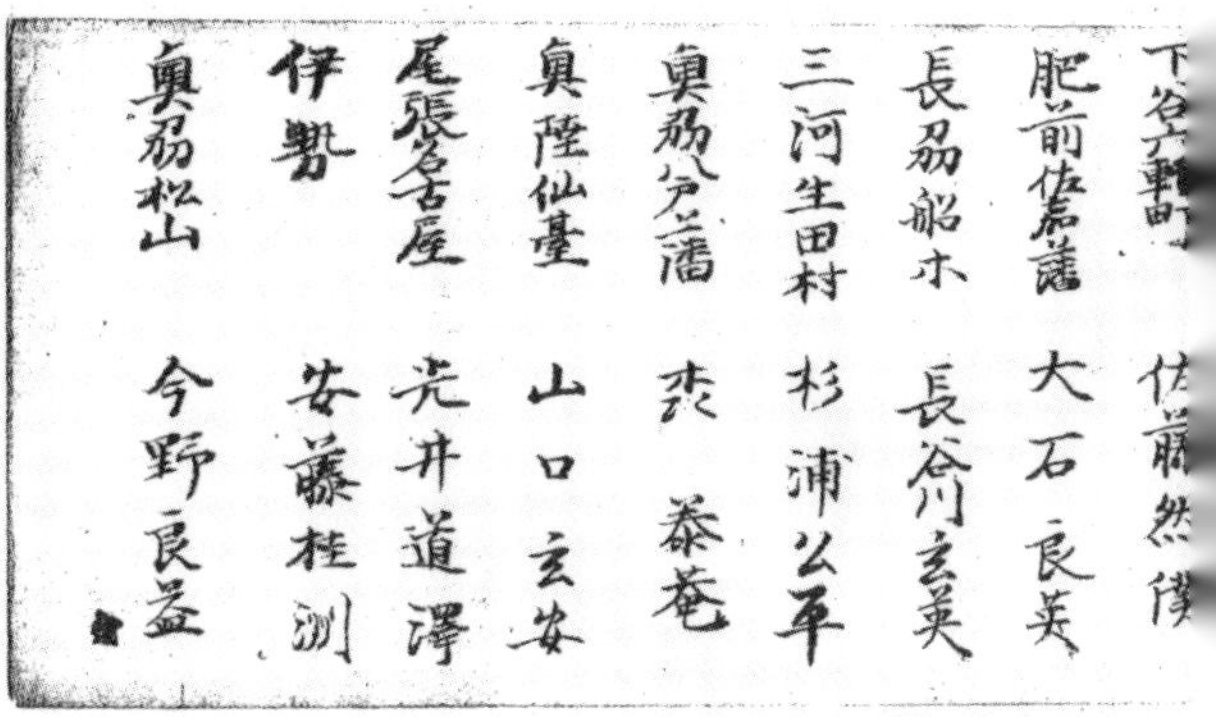
下谷?町　佐藤然僕
肥前佐嘉藩　大石良英
長州船木　長谷川玄英
三河生田村　杉浦公平
奥州八戸藩　恭菴
奥陸仙台　山口玄安
尾張名古屋　荒井道澤
伊勢　安藤桂洲
奥州松山　今野良益

象先堂門人姓名録
順天堂大学医学部医史学研究室蔵複写資料

れているので、天保七年から弘化二年までに一年平均九人弱の入門者となる。

嘉永元年（一八四八）からの入門者には、入門年が記載されている。その記載から年次別入門者数を調べると、嘉永元年四人、嘉永二年十七人、嘉永三年十人、嘉永四年十六人、嘉永五年七人、嘉永六年十八人、嘉永七年（安政元年）二十六人、安政二年二十人、安政三年十五人、安政四年十七人、安政五年四人、安政六年五人、万延元年四人、万延二年一人、文久元年七人、あとは数人ずつで、慶応二年が十五名と増え、慶応三年は五人となり、明治期は毎年一人ほどの入門であった。

嘉永期に急速に増加しているのは、嘉永二年の牛痘種痘の成功、嘉永四年の医業免札制度（医者開業免許を与える制度）による蘭学奨励が影響したのだろう。長屋門の二階に「書生が八、九十名も寄宿するほどになった」（池田玄泰氏談）というのも、このころであろう。

肥前の佐賀県域出身門人は、上村春庵、大石良英、小山良益以下、宮崎元立までの四十四人が記載されている。（番号は筆者）。

1上村春庵（佐賀藩）、2大石良英（佐賀藩）、3小山良益（神埼）、4堤柳翠（小城）、5宮崎元益（小城）、6志田文庵（武雄）、7古河玄節（佐賀）、8志津田元昌（佐賀）、9水町玄道（小城）、10久米良泰（佐賀）、11山村良哲（佐賀）、12奥川文郁（武雄）、13後藤又次郎（佐賀藩）、14村田有山（小城）、15高宗栄倫（佐賀）、16渡瀬長垣（佐賀）、17池田洞雲（佐賀藩）、18上村周聘（佐賀藩）、19永松蕙橘（佐賀藩）、20神代玄哲（小城）、21杉谷雍助（佐賀藩）、22島本謙亮（佐賀）、23斎藤玄周（小城）、24石井中貞（武雄）、25城島禎庵（佐賀藩）、26久池井辰吉（武雄）、27島田東洋（栄城藩）、28原祢南（佐賀）、29山口元逸（多久）、30鶴蔵六（多久）、31高木元仲（佐賀藩）、32宮田魯斎（佐賀藩）、33尾形良益（多久）、34石動貫吾（小城）、35千々岩了庵（蓮池藩）、36島本良順（佐賀）、37津田春耕（佐賀藩）、38岡橋賢道（多久）、39深江謙三（多久）、40水町三省（佐賀藩）、41中野雲桂（佐賀藩）、42香田文哉（小城藩）、43小野宅右衛門（小城藩）、44宮崎元立（小城藩）

出身国別分布は肥前（長崎を含む）五十一人、武蔵の三十五人、羽前の二十二人、長門の十四人ほか、北は松前藩から南は薩摩藩までほぼ全国に及んでいる。

安政五年（一八五八）に、佐賀城下に医学校好生館ができると、そこへの就学者が増えるとともに、象先堂は玄朴自身の高齢もあり、門人が減少し、明治期に、玄朴の死とともに終塾を迎えた。

象先堂の門人たちは、幕末から明治にかけて、近代医療に貢献し、近代政治に活躍した人々も多く輩出し、その教育の意義は大きい。

象先堂の薬方

『象先堂常用方』という史料があり、象先堂で日常的に使われた薬方集である。象先堂の薬方は、従来まったく知られていなかったので、その一部を紹介する。

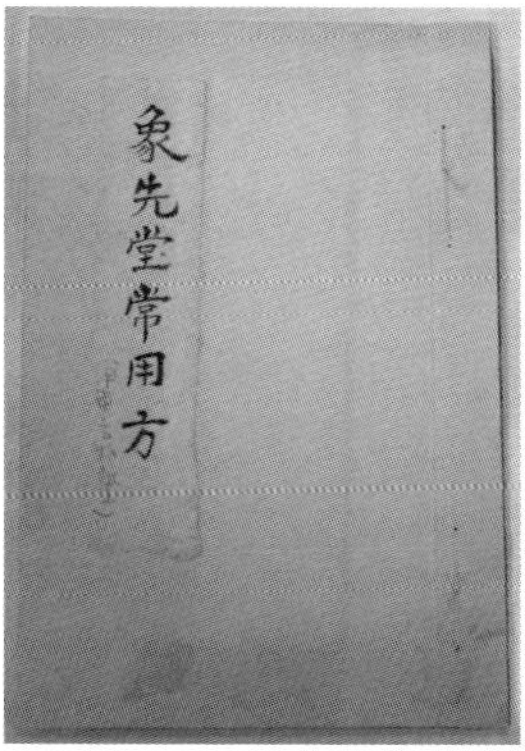

『象先堂常用方』／祐愛会織田病院蔵

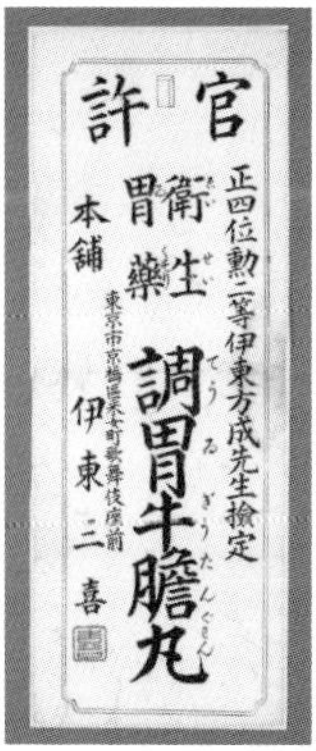

「調胃牛胆丸」広告／早稲田大学図書館蔵

象先堂常用方符
丸剤之部
甘汞丸　甘汞二戔　龍脳二戔　白散十六戔
右三味
金硫黄丸　剤、諸瘡最効　金硫黄・甘汞各二戔　龍脳五分　白散十六戔
右糊丸
阿汞丸　猛汞・阿芙蓉各二ゲレイン　白散三厘
右六味細丸（中略）
健胃牛胆丸　牛胆二戔　白石鹸三戔　健知亜那三戔　干姜二戔　薄荷油三滴
右中丸（下略）
（『象先堂常用方』）

甘汞《かんこう》は塩化水銀（Ⅰ）でカロメルともいい、猛毒だが、梅毒駆除剤や利尿剤・下剤などにシーボルトもよく使用している。龍脳は、龍脳樹から採れる結晶性結晶で、漢方でも目薬や消炎、鎮痛作用、防腐剤などに使用した。白散《びやくさん》は山椒・肉桂・桔梗・細辛などを刻んだ粉。一戔は目方の単位で一匁＝三・七五グラムのこと。

阿汞丸は、猛汞と阿芙蓉を各二ゲレインずつ調合し、そこへ白散を三厘調合したもの。猛汞は昇汞に同じで、塩化水銀（Ⅱ）で殺菌剤。阿芙蓉はアヘンのことで、一厘は一分の十分の一の重さで〇・〇三七五グラム。ゲレイン（grain グレー

金武良哲肖像（五姓田義松画）

ン）はオランダ語で、一グレインは七〇〇〇分の一ポンドで、六四・七九八九ミリグラム。六十分の一戔。一般的な麦粒の大きさを一グレインという。漢方にないグレインを使っているところが、玄朴の蘭方医たる所以といえる。

健胃牛胆丸は、胃薬として最も多く使われるのは熊肝だったが、伊東玄朴は、熊胆でなく牛胆を使った胃薬を処方した。牛胆も漢方で知られていたが、熊胆に比べて安価だったことと、肝であれば牛も熊も同様の効能があると考えたのであろう。その後、牛胆丸は伊東家の得意な処方胃薬となった。

金武良哲の代診

天保十年（一八三九）八月、象先堂にむけて出発した二十九歳の男がいた。名前を山村良哲（のちの金武良哲）という。

良哲は、天保八年ごろ、玄朴の師島本良順に蘭学を学んだ。良順のもとで筆写したチットマン外科書"Leenboek der heelkunde van J.A. Tittman"の巻頭に、「天保丁酉（八年）夏山村良哲自写」とあるので、良順に入門してすぐに筆写したものだろう。

島本に学ぶこと二年余で、江戸に出て玄朴の門をたたいた。良哲は、象先堂での治療や学習を『江戸日記』に記した。

九月二日に象先堂に到着し、同月七日に入門の手続きをとった。はやくも一ヶ月後の十月九日には、長者町小笠原侯下屋敷の間宮富兵衛へ行き、痔瘻の糸通し治療をしている。さらに十月十三日には、鎧丁の大坂屋娘の眼病に、蛭付《ひるつ》けでの治療をしている。蛭付けという治療は蛭に体内の悪い血を吸わせて体外に出す、瀉血と同じ治療で、象先堂ではよく行っていた医療行為の一つである。

このような治療を到着後一ヶ月で代診して実践できるということは、当初から玄朴の代診的な役割を求められて象先堂に来たもので、良哲はそれに応えるだけの医療実践と力量をすでに有していたと考えられる。

天保十一年三月五日には、和泉橋川岸端佐久間町の大坂屋半兵衛小児三歳の腹満・発熱治療として、ヤラッパ（下剤）やジギタリス（強心剤）などを服用させている。同年八月八日には、岡本仁左衛門小児で八歳の子の腹痛に対し、牛胆丸という軽い健胃剤を桂皮水を用いて飲ませたところ、約六時間後に回復した。牛胆丸は、象先堂の得意な健胃剤だった。八月二十九日には浅草新堀の木村義兵衛、九月一日には長者町の内藤長次郎という卒中患者に、それぞれ刺絡《しらく》治療を施している。刺絡とは静脈に針を刺して血を瀉出させる方法で、中国医学でも古くから行われていた。象先堂でも卒中患者に対しては、悪血を瀉出するということで刺絡療法をよく行っていた。

良哲は、天保十二年四月十三日に、玄朴と同じシーボルト門人で江戸の著名外科医である戸塚静海の外科手術に立ち会うことができた。

四月十三日　晴天、人見七兵衛、陰茎ヲ切断ス、其法半切リ通シ、動脈ヲ結ビ、残リ半分ヲ切通ス、主刀ハ戸塚先生ナリ、其ノ手ギハ頗ル上出来とある。戸塚静海の手術の手際は頗る上出来であると感心している。こうして良哲は二年間の修業で、蛭付け、キリステル（浣腸）、カテーテル（尿管などに挿入する医療用管）、刺絡、膏薬塗りなどの象先堂での外科的治療法を実践し、かつ、本格的な外科手術をも実見できて、医学的力量を高めることができた。

象先堂の蘭書と蘭語学習

象先堂の塾則の最初に「蘭書並翻訳書之外雑書読候事一切禁止」とあった。この蘭書は何だろうか。その第一は、マートシカッペイ文法書であり、伊東玄朴が長崎からもってきたものとされる（大槻如電『新撰洋学年表』）。マートシカッペイ文法書とは、オランダのマートシカッペイ公益協会が刊行したオランダ語文法教科書のことで、日本に渡ってからは、初心者向けに『ガランマチカ』（オランダ語文法）、中級者向けに『セインタキス』（オランダ語の語形成）と称される二冊の文典となり、オランダ語学習の入門書としてひろく使われるようになった。

佐賀藩でも蘭学寮での課業について、午前中に初心者はオランダ文典の前編『ガランマチカ』を読み習い、これを終えると次に後編の『セーンタキッ』を読み、約一年で文典を終え、窮理書に進むを順序としている（『鍋島直正公伝』）。

伊東玄朴は、蘭書を相当所持しており、それが、蘭学学習者にとって象先堂塾に集まる魅力の一つでもあった。良哲は、留学の後半になって代診を少なくして蘭書会読や筆写のための時間をとれるようになった。入塾後およそ一年後の天保十一年七月になって初めて『江戸日記』に蘭書会読の記述があらわれる。

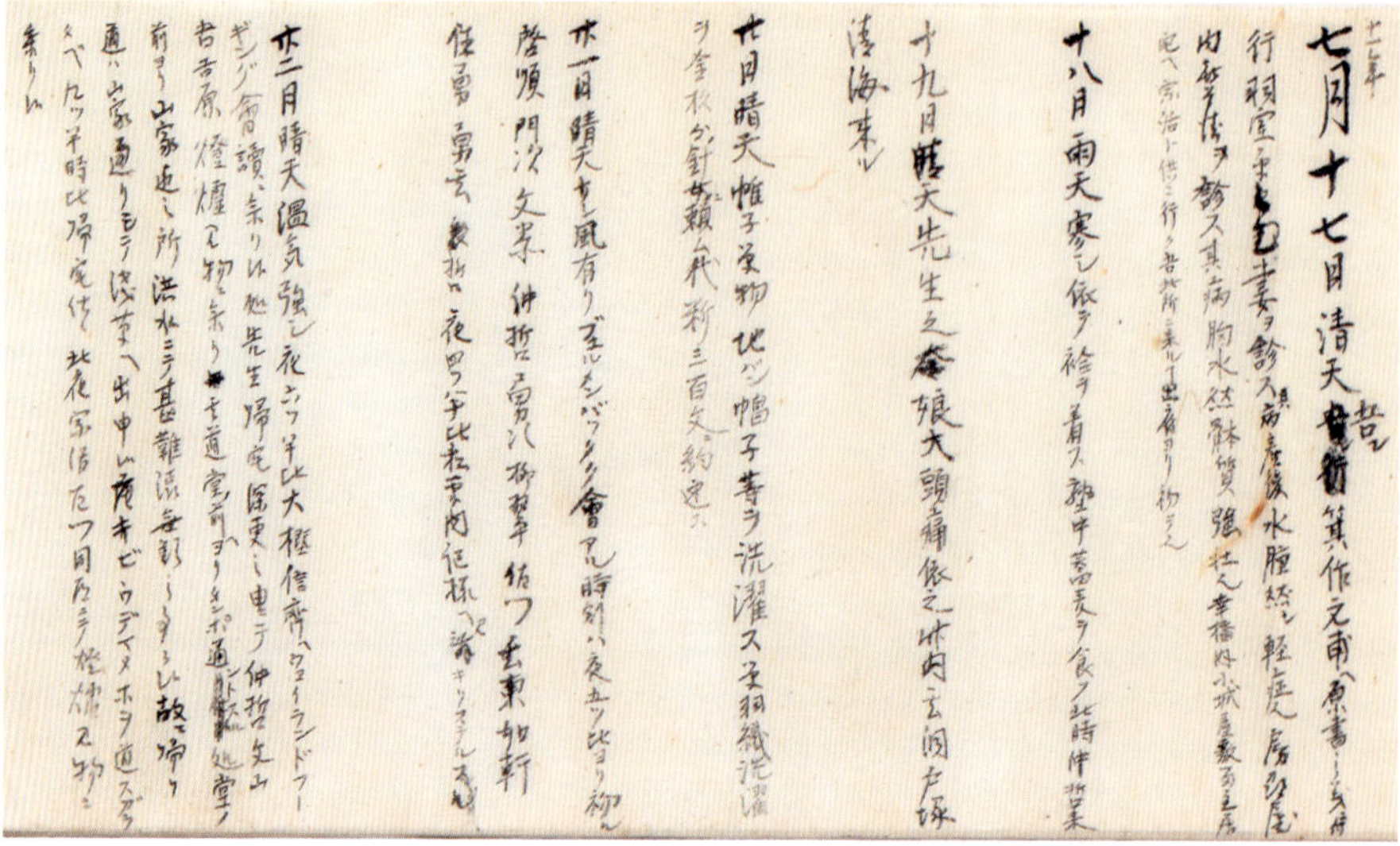

金武良哲『江戸日記』

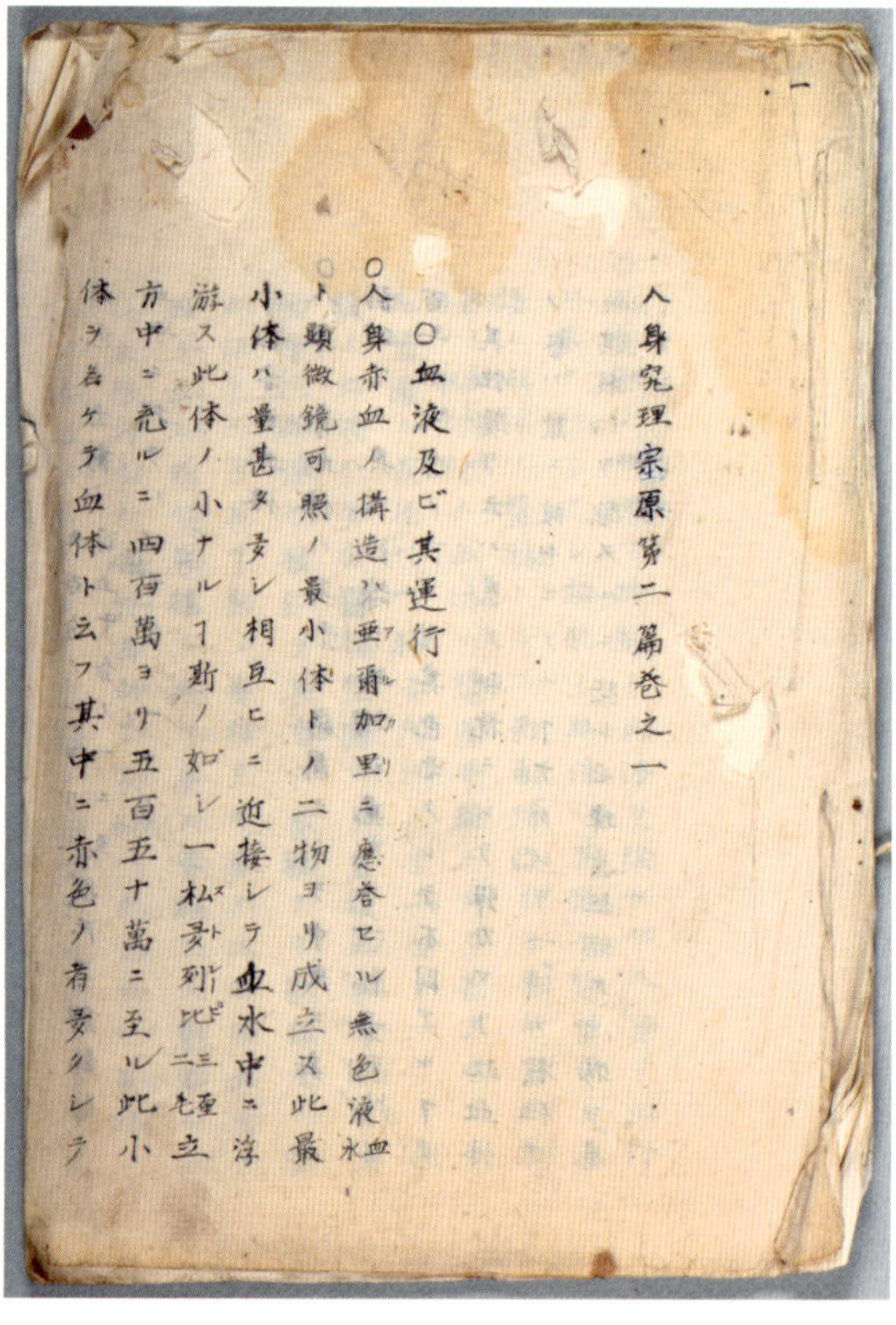

人身究理宗原第二篇巻之一
○血液及ヒ其運行
○人身赤血ノ構造ハ亜《ア》爾《ル》加《カ》里《リ》ニ應答セル無色液血水
○ト顕微鏡可照ノ最小体トノ二物ヨリ成立ス此最
小体ハ量甚タ夛シ相互ヒニ近接シテ血水中ニ浮
游ス此体ノ小ナル丁斯ノ如シ一私《ス》夛《ト》列《レ》比《ピ》[illegible]立
方中ニ充ルニ四百萬ヨリ五百五十萬ニ至ル此小
体ヲ名ケテ血体ト云フ其中ニ赤色ノ者夛クシテ

『人身窮理基礎』

七月十七日　清天、吾レ（良哲）、箕作元甫へ原書の義ニ付行。
七月二十一日　晴天少シ風有リ、ブュルメンバック夕会アル、時刻ハ夜五ツ比《ころ》ヨリ初ル、啓順、門次、文恭、仲哲、勇次、柳翠、佐門、玄東、如軒、徳勇、勇玄、良哲、夜四ツ半比、松平内記様へ見舞キリステル。
七月二十二日　晴天温気強シ、夜六ツ半比、大槻信《（俊）》斎へ、ウェイランドフーギング会読ニ参リ候処、先生帰宅深更之由ニテ、仲哲、文山、吾、吉原燈爐見物ニ参リ……

（金武良哲『江戸日記』）

七月十七日には、幕府天文方蛮書和解御用で西洋書の翻訳にあたっていた箕作阮甫のもとに原書につき相談に行った。四日後の七月二十一日には、象先堂で、「ブリュメンバック」の会があり、良哲や堤柳翠ら当時の象先堂塾門人らが集まって会読をした。

「ブリュメンバック」とは、ドイツのJ・F・ブルーメンバッハのことで、著書『人身窮理基礎』（Grondbeginselen der natuurkunde van den mensche door J.F. Blumenbach.）を読む会とみられる。オランダ語版（Amsterdam, H.D. Santbergen, 1835）の冒頭第一小節から第二十八小節までの抜き書きが金武良哲旧蔵資料にあるので、これがこの象先堂で日々筆写したものかもしれない。

七月二十二日には、近くの下谷練塀町の大槻俊斎宅で、ウェインランドの会読会に参加している。八月二十一日夜には、『人身窮理書』「生力ノ編」の会読を象先堂で行った。

九月二十一日　ビュルメンバック、玄朴宅ニテ会ス、会頭玄朴。
十月二十八日　「ヅーフ」a字ノ部、箕作先生返済シ、亦z字ノ部ヲ借用ス。
十一月五日　箕作先生ヘマードシカッペイ受ケ取ニ行ク。先生留主。
十一月十三日　「セインタキツ」ヲ写始ル。
十二月十六日　セインタキス写シ終ル。
十二月十七日　ヅーフノu字ノ部ヲ写シ掛ル。
十二月二十八日　箕作先生参リ、ヅーフのu字ノ部返済ス。
天保十二年四月七日　ブェルメンバッフ心臓之生力ノ勢之部会。（同前、抄録）

ビュルメンバックの会は、玄朴宅を中心に行った。良哲は、天保十一年の後半に、『マートシカッペイ』の筆写と『ズーフハルマ』の筆写に努力を傾注していた。ズーフハルマとは、オランダ商館長ドゥーフ（Doeff）が、フランソワ・ハルマの蘭仏辞典の日本語訳を独自に開始し、ドゥーフ帰国後の天保四年（一八三三）に、長崎日本人通詞たちの手で『ヅーフハルマ』（ズーフハルマ、長崎ハルマ）として完成した。この『ヅーフハルマ』が、天文方にはあったので、良哲は時間を惜しんで筆写したのである。

文政年間から天保年間にかけて、江戸蘭学におけるオランダ語の文法書は、ウエイランド小事典とマートシカッペイ文法書（ガランマチカとセインタキス）とズーフハルマの筆写が主流で、それが、蘭学生の必須の学習であったとみてよい。象先堂は医学実践塾であり蘭学学習塾でもあった。

玄朴と大槻磐渓

玄朴は大槻磐渓ととりわけ仲がよかった。象先堂の象先の文字を撰んでくれたのも磐渓である。磐渓は蘭学者大槻玄沢の二男で、享和元年（一八〇一）に江戸で生まれた。最初、漢学を学び、文政十一年（一八二八）、蘭学修業のため長崎に出かけたが、シーボルト事件が発生し、オランダ人に修学することもかなわず、翌年、むなしく江戸に戻った。事件は磐渓に蘭学修業を断念させた。玄朴との交際のきっかけは不明だが、玄朴より一歳年下の無二の親友だった。玄朴は、磐渓が偉大な蘭学者大槻玄沢の二男ということで、敬意をもって接していたようだ。

玄朴が象先堂を開いた前年の天保三年（一八三二）の三十二歳のとき、兄の大槻玄幹のもとを離れて漢学塾を開いたが、その経営は困難を窮めた。

仙台の宮城県図書館に大槻磐渓の日記『始有廬日記』が所蔵されている。この日記を読むと、たびたび磐渓が玄朴に借金を申し込んでいることがわかる。たとえば天保十一年二月に、借金十両を御願いしたところ、玄朴は黙って十両を貸してくれた。一両を仮に現在の貨幣価値十万円とみると百万円である。

磐渓はその後も玄朴から何度も借金をしている。とくに、天保十二年七月の日記には、「余曰く願い数を増し五十円（両）と為す。玄朴、之を諾す。余が狂気知るべきなり、且つ息無し五年賦、券書（証文）要せず、義気欽《つつし》むべし」とあり、

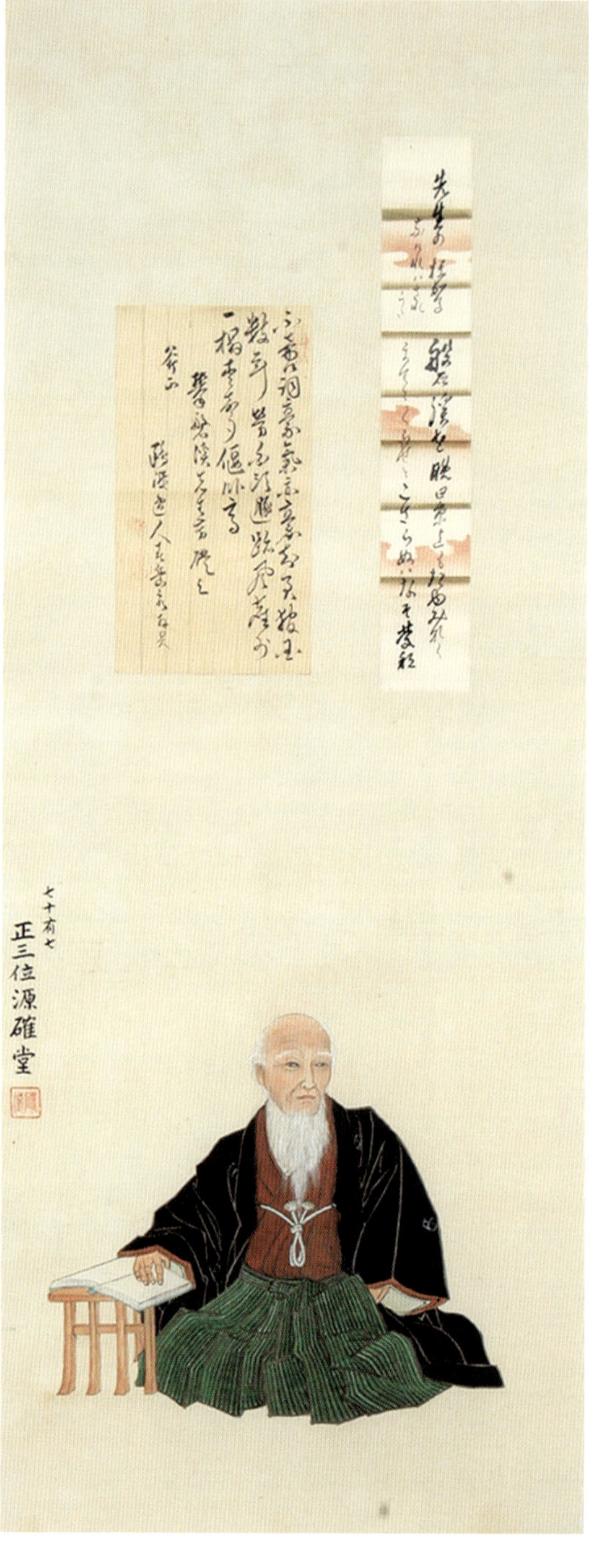

大槻磐渓肖像（松平確堂画）／一関市博物館蔵

大槻磐渓（川崎道民撮影）／同右

今度は五十両の借金を願ったところ、玄朴は承諾してこれを貸してくれた。それもなんと無利息で五年賦で、借金証文なしで貸してくれたのだった。磐渓は、その義気を欽《うやま》い、感涙にむせび泣いた。

天保十二年前後は「頃年家計甚艱ム」（『磐翁年譜』）とある。苦しい時を救ってくれた玄朴に対し、天保十二年、次の詩を詠じた。

> 感泣滂沱として巾を湿さんと欲す、救窮の恩は君親に減ぜず、錐刀（ささいな物事）利を争い滔々（世間の風潮に従うさま）として是、曠達（心が広いこと）公（玄朴をさす）の如きは幾人か有る。　（『鶏肋存稿』）

感謝の気持ちで一杯である。困窮を救ってくれた恩は主君や親への恩とかわりない、ささいな物事で利を争う世間のなかであなたのような心の広い人は世間に何人もいるだろうか、と。

玄朴は天保十年頃は、すでに蘭方医としての評判は高く、大勢の患者で、象先堂塾は賑わっていたから、資金援助も十分可能だった。

大槻磐渓は、この苦しい時期を乗り越えると、江戸詰仙台藩儒者として、また高島流西洋流砲術家として頭角をあらわし、幕府の要人らとの交流を深め、幕末期における玄朴の活動をバックアップすることになる。

『医療正始』／佐賀城本丸歴史館蔵

『医療正始』の翻訳

玄朴の医学的業績の一つに『医療正始』の刊行がある。同書はプラーグ大学教授ビスコフ（毘斯骨夫　I.R.Bischoff）の『Grundsüge der praktischen Medizin』の蘭訳本を翻訳したもので、七篇（各篇三篇）二十四巻で、天保六年（一八三五）に初篇、同七年に二篇、同八年に三篇、同九年に四篇、同十一年に五篇、弘化三年（一八四六）に六篇、同四年に七篇、安政五年（一八五八）に八篇が出版され完結した。

巻一には、「独乙　毘斯骨夫著　和蘭・漢越而実幾訳　伊東淵玄朴重訳」とあり、熱病についての解説から始まって、病名、症状、経過、原因、転帰、予後鑑別、治療の順に記載し、臨床試験の医案も加えた、各疾病を詳細に論述した精緻なる訳書で、実践的な医学書として貴重であった。

本書の翻訳について、大槻茂雄編『磐渓事略』（明治四十一年・一九〇八）では大槻磐渓が校正・清書したとし、その後、呉秀三著『箕作阮甫』（大正三年・一九一四）は、すべて箕作阮甫が翻訳したとした。この二年後に出された伊東栄『伊東玄朴伝』では、玄朴の甥池田玄泰が「医療正始であるが、再三訂正を重ねて所々に朱書の入筆さえあったのを象先堂で実見しました。此医療正始を箕作阮甫が翻訳したものだと云う人があるが、玄朴と阮甫は元来、昵懇であったから相談して手伝って貰った事があるかも知れぬが全く玄朴の翻訳に違はない、其原書が象先堂塾より外になかったのでも知られる」と伊東玄朴の翻訳に間違いないとしている。これらを勘案してみると、次のように考えられる。

本書は、伊東玄朴が翻訳を開始していたが、天保四年の象先堂開塾以来、医業が繁昌したため、なかなか翻訳が進まなかった。一方、医業を開始していた箕作阮甫が天保五年に火災にあい、医療道具から家具一切を焼失してしまった。やむなく鍛冶橋の津山藩邸に移った阮甫の窮状を救うべく、『医療正始』の翻訳を依頼したものとみる。玄朴が友人の窮状を救うことがしばしばあったことは、磐渓の事例でもよくわかる。

一方、阮甫が天保十年に天文方の蛮書和解御用に入れたのも、この翻訳の実績があったからであり、阮甫にとってこの翻訳がその後の道の出発点になった。

玄朴は、門人らを指導して翻訳・出版をよく行っている。天保九年（一八三八）に、フーフェランド原著の『牛痘種法編』を伊東玄朴と門人池田洞雲の共訳で出している。天保十四年に、玄朴が佐賀藩主の匙医となるに至って、医学書以外に、藩主の意向に沿った西洋科学技術や砲術書の翻訳にも関わるようになった。

弘化三年（一八四六）ごろ、佐賀藩から杉谷雍助が入門してきた。雍助は、弘化三年ごろもたらされたオランダ人のヒュゲェニン（Ulrich Huguenin）の大砲鋳造書（Het Gietwezen in's Rijks Ijzer-Geschutgieterij te Luik『ロイク王立鉄製大砲鋳造所における鋳造書』）を、伊東玄朴、後藤又二郎、池田才八らと共同で翻訳し『鉄熕全書』（『鉄砲全書』、『熕鉄全書』などの写本がある）として嘉永三年（一八五〇）に上梓した。この功績で雍助は佐賀藩の反射炉築造の責任者の一人となった。

鷹見泉石肖像（渡辺崋山画）／東京国立博物館蔵（Image:TNM Image Archives）

鍋島家侍医玄朴と鷹見泉石

名実ともに、江戸で名医として評判になった伊東玄朴は、天保十四年（一八四三）十二月十四日に藩主鍋島直正の御匙医を命ぜられた。

伊東二兵衛弟
伊東玄朴

蘭学医術抜群熟達に付き、御用在らせられ候、之により一代召し出され、七人扶持拝領仰せ付けらる旨

（『佐賀県近世史料』第一編第十一巻）

さらに、翌々年の弘化二年（一八四五）正月二十九日には、藩主娘貢姫と鹿島藩安次郎（のち鹿島藩主直賢、直正弟）の療養方を仰せ付けられた。

一筆令啓候、其の方（伊東玄朴）儀、貢姫様御療養方懸合い仰せ付けられ候、此の段相達すべくため、是の如くに候、恐々謹言

小山平五左衛門信就　花押
鍋島隼人忠房　花押
鍋島市佑保脩　花押

伊東玄朴老

（『伊東玄朴伝』）

川路聖謨
川田貞夫『川路聖謨』吉川弘文館

江川英龍肖像／佐賀県立博物館蔵

玄朴は鷹見泉石との交流も続けていた。泉石は、天保二年（一八三一）に古河藩家老となり、藩主土井利位が天保十年に幕府老中、同十四年に老中首座となったので、幕府中枢の譜代大名の重臣として、川路《かわじ》聖謨《としあきら》や江川《えがわ》英龍《ひでたつ》（太郎左衛門）ら開明的幕臣のほか、蘭学者、長崎通詞らと広く交流していた。玄朴は、泉石とその家族のかかりつけの医師となっていた。

泉石の天保十五年十月からの日記をみると、十月二十五日に、玄朴門人の織田研斎が、泉石の二男に蛭を付けて悪血を抜く瀉血治療をしている。織田研斎は、のちに玄朴の養子となった伊東貫斎の実兄である。十一月二十一日には、泉石が玄朴に『坤輿初問』を返却している。イッペル原著の地理書で、安政四年（一八五七）に伊東玄朴訳、新発田（柴田）収蔵校で刊行されている。

十二月二十八日の日記には、玄朴へ往診の診察代として銀五枚、料金三両三分のほか、「水薬ローイウエイン代一両二分」を支払った記事がある。水薬とあるがワインである。玄朴は往診の合間に、蘭学に関心のある泉石らに、長崎関係の情報提供や地理書、蘭書の紹介や貸与もおこなったり、ワインなどの舶来品を提供するなどもして、収入と患者と知友を得ていた。幕府老中の重臣鷹見泉石を通しての川路聖謨や江川英龍など幕府要人との交友が、伊東玄朴の政治力の源泉の一つであったことがうかがえよう。

下町の蘭方医として診療の日々

天保期には、伊東玄朴（下谷御徒町）、坪井信道（深川冬木町）、戸塚静海（八

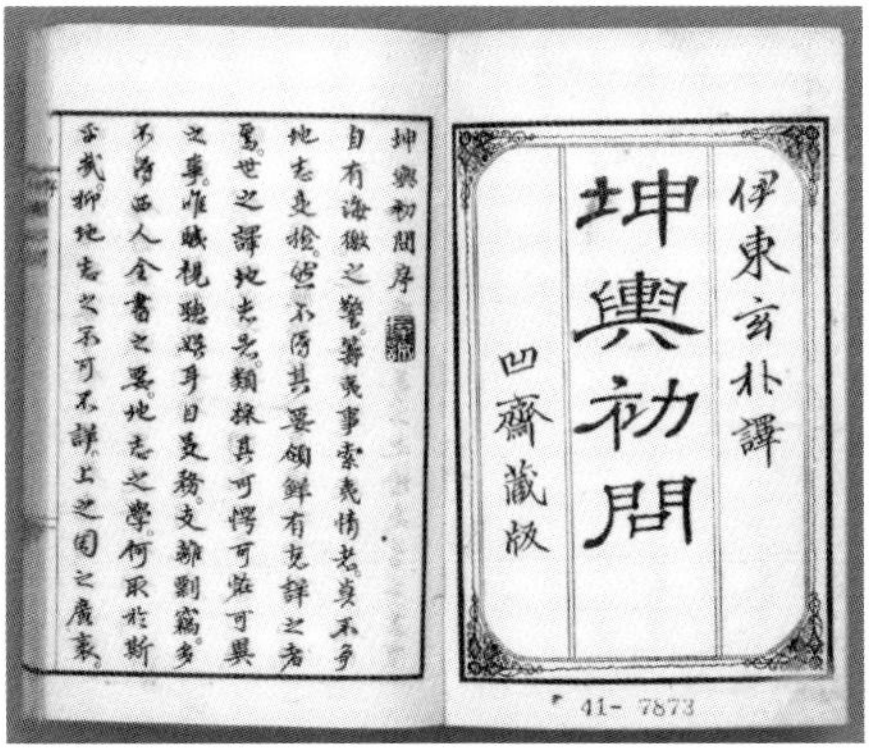

『坤輿初問』／早稲田大学図書館蔵

丁堀代官屋敷）、大槻俊斎（下谷練塀町）などが、下町を中心に、蘭方医として連携しながら庶民への医療活動を展開していた。

天保元年（一八三〇）十一月十日付の坪井信道より大坂在住のシーボルト門人岡研介に宛てた書簡で、玄朴を滝野と呼び、病後であること、十一月九日には玄朴宅で高野長英と初めて会ったことなどを伝えている（『坪井信道詩文及書簡集』）。

天保三年、坪井信道から米沢藩出身門人堀内忠寛（素堂）に宛てた書簡がある。それには、信道妻の父である青地林宗の病気を、堀内忠寛が往診したあと、信道が診察した経過が記されている。それによると、林宗は疲労が甚だしく、二、三日間熟睡していないので、それらの全身倦怠疲労ではないかと診断し、友人の伊東玄朴と相談して阿芙蓉液（アヘン液）を二十五滴用いて、信道と玄朴で泊まり込みで様子を見たところ、二時《ふたとき》（約四時間）も安眠でき、目覚めたら、清快で食欲も出てきて、三日以来の美味だというように回復したとの内容だった（『日本医史学雑誌』十六巻四号）。当時、坪井信道は三十八歳、忠寛や玄朴はともに三十三歳の働きざかりだった。蘭方医らは社中をつくり、共同診察などでも研修しあっていたことがわかる。いわばセカンドオピニオン的な医療行為を行っていた。

玄朴と信道は、シーボルト門の戸塚静海とともに、江戸の三大蘭方医とよばれるようになった。彼らと同様に著名な外科医が、佐倉の佐藤泰然だった。長崎で修業後、江戸で開業していた泰然は、天保十四年（一八四三）に佐倉藩主堀田正睦に招かれた。江戸の塾は、娘婿の林洞海に譲り、佐倉で順天堂塾を開き、多く

高野長英肖像（坂内青嵐画）／高野長英記念館蔵

の外科手術を成功させ、かつ門人を育てていた。

年次不詳の九月一日、林洞海より堀内忠寛に宛てて書簡が届いた。過日みてもらったカンクル（Kancker　睾丸癌）の手術を来る四日にも天気がよかったらオペレッチー（Operatie　手術）をするので、伊東までご連絡いただきたい、というものであり、外科手術の際に、伊東玄朴の立ち合いを求めている内容だった（『日本医史学雑誌』十六巻四号）。堀内忠寛と伊東玄朴が近しい関係にあることがわかる。

睾丸の摘出手術といえば、佐藤泰然が中心となって実施した伊奈家家臣山内豊城《やまうちとよき》への嘉永二年（一八四九）十月四日の右睾丸摘出手術がある。豊城の残した『玉とりの日記』（『森銑三著作集』第五巻）には、豊城が手術について納得できる説明（いわばインフォームドコンセントの先駆的行為）をうけ、手術を決意したこと、この手術の経過などが詳細に描かれている。

泰然は、当時の屈指の蘭方医外科チームを結成した。執刀するのはシーボルト門人戸塚静海、泰然同門で娘婿の林洞海、泰然門人三宅艮斎《みやけごんさい》らであり、伊東玄朴や大槻俊斎が蘭書にもとづく指示や手術の手順確認を行い、竹内玄同は薬係を担当した。玄朴の弟子二人は足押さえ役で、洞海の弟子二人は周りについた。

三宅艮斎が睾丸の脇から入刀し、切り開き始めた。痛みはそれほど感じなかった。そのうちに睾丸摘出手術は成功し、豊城はその後、二十年以上も存命した。

こうした大きな外科手術に門人を連れて立ち会う玄朴は、押しも押されもせぬ蘭方外科医の代表的な存在になっていた。またこの手術の周囲に、多くの門人らが見学している姿もみえる。蘭方医たちは、このように人的ネットワークを形成しつつ、秘伝的でない公開の外科手術を実施し、臨床医学を発展させていった。堀内忠寛は、『幼々精義』（天保十四年第一輯、弘化二年第二輯）という小児科書を出版した。ドイツのフーフェランド原著のオランダ語訳を堀内忠寛が訳したものである。第一輯の序文は坪井信道、跋文は杉田立卿、第二輯序文は箕作阮甫、跋文は伊東玄朴と、まさに堀内忠寛が師や友人として尊敬した人々が本書の成立を祝うかたちになっている。

第二輯の跋文を書いた玄朴は、小児にとって引痘（天然痘予防の牛痘接種）が大事であること、米沢藩は仁政で諸藩に知られていることなどを記したあと、「夫庶者富之源也、養者教之本也、而医薬又為庶与養之補、医業之難者痘凜而甚（夫れ庶は富の源なり、養は教えの本なり、而して医薬は又庶と養の補を為す、医業の難は痘で凜にして甚だしい）」と述べ、本書が小児にとって有益であると推奨している。「庶は富の源なり」が、玄朴の基本思想の一つといえ、天然痘予防こそが小児を救う道であると常日頃から考えていたことがわかる。

玄朴とともに蘭方医学の発展につくした信道は、嘉永元年（一八四八）八月に大疼痛がおこり、喀痰した。伊東玄朴や戸塚静海、竹内玄同の三人が毎日診察にあたった。とくに中心になって親身に診察をしたのは玄朴だったが、その様子は川本幸民が緒方洪庵に宛てた手紙に依れば、玄朴ですら「陰ニ而ハ坪井之病気此の度ハ不治ト申居候」（青木一郎『坪井信道の生涯』）と診断したとおりに、同年十一月八日に亡くなった。

第三章　佐賀藩の西洋医学教育と玄朴

医学寮の設置と島本良順

大坂から佐賀城下に戻った島本良順を心待ちにしていた知識人の一人が、佐賀藩儒者古賀穀堂だった。穀堂は、古賀精里の長男で、父に劣らぬ優れた儒学者であった。

穀堂は文化三年（一八〇六）に、ときの藩主斉直に藩の教育方針を献言した『学政管見』を著し、人材育成、教育の重視を主張し、蘭学は世界一統の学問なので蘭学を学ぶべきこと、「学問ナクシテ名医ニナルコト覚束ナキ儀ナリ」として、医学寮をつくって、医学教育をすべきことを説いた。

天保四年（一八三三）の穀堂の日記『琴鶴草堂暦記』（『佐賀県近世史料』第八編四巻）の三月二十六日の記事をみると、島本良順が江戸と東北の医生を連れてやってきて、本草や外国の事などを談じたとある。島本良順は、文政末年ごろ、佐賀蓮池町で蘭方医学の看板を掲げ、西洋医学教育を始めていた。しかし、当時、佐賀城下で蘭学の理解者はまだ少なく、五月七日記事には、「成就院文会　島本良

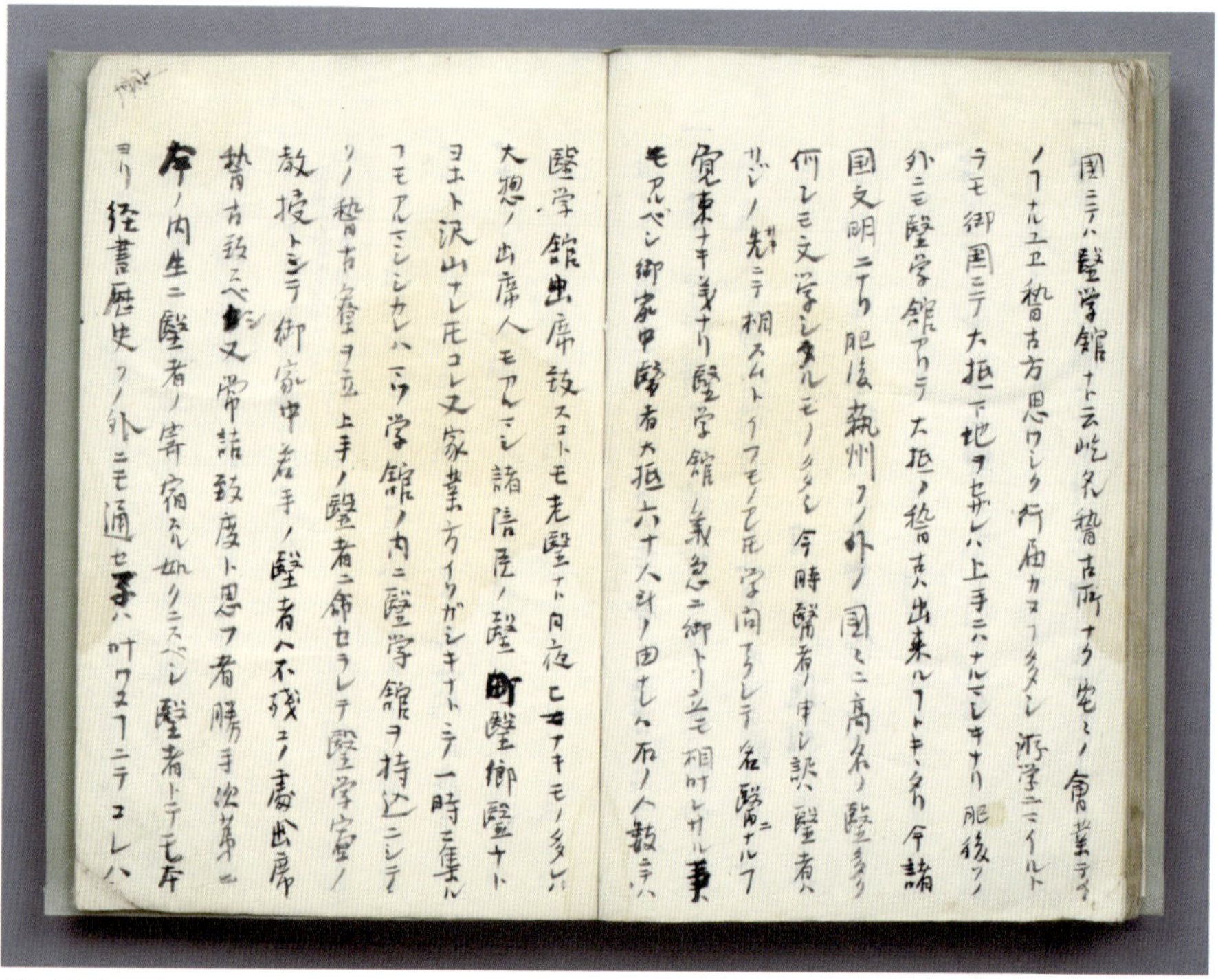

『学政管見』／公益財団法人鍋島報效会蔵

順為主　談西洋社中委（萎）茶無至者　因嘆士俗衰颯　絶無意気　不若且止」

（『佐賀県近世史料』第八編四巻）という状態で、島本良順が、成就院で詩文会を主催したが、西洋社中は萎微して至る者がない状態だったと記している。

蘭学へ関心の少ない、こうした旧守の風潮を打破すべく、古賀穀堂は、天保五年の医学寮の創設にあたって、島本良順を初代寮監として、西洋医学の風を佐賀藩に吹き込もうとした。

天保五年七月十六日の触れで、医学寮を建てること、医学寮の医師は（本丸と西の丸の）両御丸御医師のうちから兼業させ、また学館（弘道館）より事務の係を出すこと、御遣料（運営経費）は試しに米十石を出すことなどの方針が示された。藩直営の医学校が開かれることになった。

この三ヶ月後の十月二十一日、医学寮が八幡小路（後の水町昌庵宅）に開講し、内科に西岡長垣、牧春堂、古賀安道、福地道林ら、外科には町医納富春入という陣容で発足した。初代寮監（校長）には、島本良順があてられた。

医学寮では、漢方医学を基本としつつも、最新の西洋医学、とくにオランダ語版によるドイツ医学を導入した。小澤健志氏の研究によれば、佐賀藩の洋書目録のうち、医学書六十八冊の原典を精査すると、オランダ語の原著が二十六冊、ドイツを原著とするオランダ語版医学書二十七冊で、ドイツ医学書が入ってきており、さらに一八三五年ごろから一八四〇年の間に増加した蔵書十二冊のうちではオランダ語原著二冊、ドイツ語原著四冊で、医学寮創設を機に、ドイツ医学書原著の教科書を使用しはじめたことが判明した。

伊東玄朴肖像／伊東栄『伊東玄朴伝』玄文社

先進的な西洋医学教育をめざし、佐賀各藩領の医師の参加をよびかけたにもかかわらず、この医学寮へは思うように医学生が集まらず、推進者の古賀穀堂がまもなく天保七年に死去したことも影響して、いつしか衰微したようである。穀堂は江戸で亡くなるが、このとき玄朴は信道とともに往診し、しばしば門人も派遣して治療にあたっている。

幕末の玄朴の活躍

天保十一年（一八四〇）に起こったイギリスと清とのアヘン戦争（一八四〇〜四二）で、イギリスに清が敗北すると、長崎警備に危機感を抱いた鍋島直正は、蘭学学習、とりわけ砲術研究の重要性を認識した。

天保十四年八月十九日、当時江戸にいた日田出身の漢学者広瀬旭荘が玄朴宅を訪れた。玄朴は四十六、七歳にみえ（実際は四十四歳）、蘭医としては江戸第一であると感じたとある（『広瀬淡窓・旭荘書翰集』）。

名実ともに江戸第一の蘭医と評されるようになった玄朴を同年に佐賀藩主鍋島直正は、御匙医に任命したのであった。

天保十五年（弘化元年・一八四四）七月二日に開国勧告を携えてオランダ軍艦パレンバン号が長崎に入港すると、直正は長崎警備のため、パレンバン号に乗船し、鉄製大砲やオランダ式海軍の訓練などを視察した。佐賀藩は、同年に火術方を設置し、西洋砲術研究を開始した。

弘化元年には、伊東玄朴門人で蘭方医の大石良英を側医とし、弘化四年には大

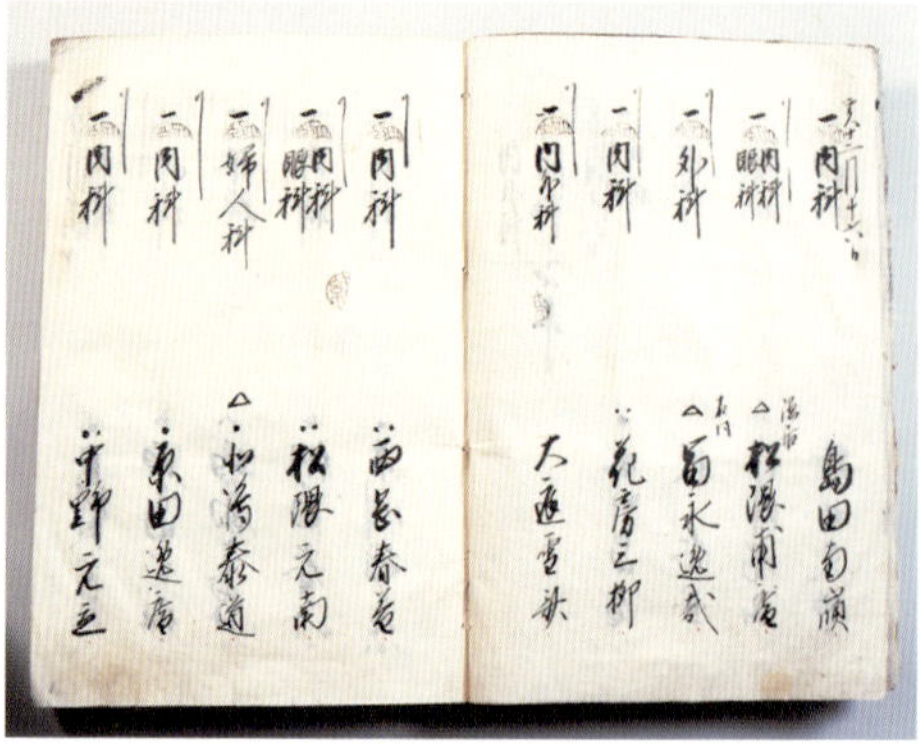

『医業免札姓名簿』佐賀県医療センター好生館蔵

庭雪斎を側医にして、西洋医学の導入と蘭学学習の強化をはかった。大庭雪斎は、大坂の蘭方医中天游に緒方洪庵とともに学び、さらに緒方洪庵塾で蘭語を学習し帰郷した蘭方医であり、佐賀藩の西洋医学導入を積極的に推進した中心人物の一人である。

弘化二年正月二十九日には、藩主娘貢姫と鹿島藩安次郎（のち鹿島藩主直賢、直正弟）の療養方を仰せ付けられた。玄朴の名声はさらにたかまり、諸侯で往診を乞うものが続出した。

安政四年（一八五七）には板倉伊予守の大病を治癒させ謝礼二十人扶持を得ている。『伊東玄朴伝』には、年次不詳だが、戸田下総守の奥方などの診療で三人扶持、松平内記のかかりつけ医として三人扶持、小笠原家から五人扶持を得ている書状のほか、儒学者岡千仞《おかせんじん》の幕府医師すら治らないと言った眼病が、玄朴の処方した薬を三ヶ月ほど処方したら治ったことなどが掲載されている。

嘉永七年（安政元年・一八五四）六月十一日付佐賀藩城島淡堂宛て書簡で、玄朴は、鍋島侯老女磯浜が先月から翻花状の肉が突出してきたので、これは切るべしと思い、戸塚静海や大槻俊斎にも診てもらったら同様の意見だったが、磯浜が熱を出したので切断をしないでいたら、痛みも熱も去ったので、木酢で洗浄しつつキナ煎などを内薬にしたら元気になったので、大石君（良英）、牧君（春堂）、島田君（南嶺）ら藩医にもそのように申しつけてあると書いて、磯浜の病状を伝えている。

文久元年（一八六一）六月には、吉原の幇間、桜川由次郎が脱疽のため、足切

鍋島直正書「好生館」扁額／同右

断手術を門人須田経哲とともに行った。このとき麻酔薬クロロフォルムを初めて用いた手術を行い、成功している。須田経哲は泰嶺ともいい、信州伊那部の出身で、のち高遠藩医や阿波藩医となっている。

西洋医学の展開と佐賀藩

嘉永二年（一八四九）に、佐賀藩は、我が国で初めて天然痘予防の牛痘接種に成功し、西洋医学が有用であることを藩士や庶民に知らしめた。これ以後、さらに西洋医学普及の動きが活発化する。

嘉永四年には医学寮が再建され、そこに蘭学寮を設置し、大庭雪斎と大石良英を頭取として、蘭学研究を推進した。元医学寮の向かいにあった古賀朝陽の旧宅を医学校とし、大石良英の本宅で医学を教え、寄宿舎を蘭学寮にし、大庭雪斎や渋谷良耳、永田玄洋、宮田魯斎、坂本徳之助、深川玄哲らが指導にあたった。

医師の一定の医療水準を確保するため、同四年二月十七日、佐賀藩は領内医師に対し、医業免札制度の開始を命令した。医業が未熟の者は医師として認めず、熟達したら医師として開業の免札を与えるという制度だった。この医業免札制度の実施記録が『医業免札姓名簿』で、嘉永四年十二月十六日から安政五年（一八五八）九月二十一日までの七年間に免札を与えた六百四十八名の医師の名が記載されている。

佐賀藩は、安政二年六月二十日には、御側医で漢方医学を用いている者は以後、西洋医学を兼ねることとし（『直正公譜』）、安政三年九月十一日には、御側医以外にも西洋医学修業を命じた。

さらに安政五年十二月十六日に、医学寮を再建して医学校好生館を設立し、十六歳以上の医生は全員、好生館で寄宿稽古をさせるように命じた。教官は、教頭は大庭雪斎、大石良英、教導は島田南嶺、永松玄洋、宮田魯斎、相良弘庵、教職は山村(金武)良哲、楢林蒼寿、城島淡海、林梅馥、助手は牧春堂であり(『直正公譜』)、ほとんどが蘭方医か漢蘭折衷医であった。

好生館の名称は、天保五年(一八三四)に医学寮が建てられたときに、直正公から「好生の徳は洽《あまね》し」という額をいただいたので、それ以来、医学寮の通称が好生館だったから、このたび正式名称を好生館としたのであった。

好生館の医則には、

医之為道所疾患而保健康者也、苟も欲学斯道者、必当明七科而従事於治術也、第一格物窮理　第二人身窮理　第三解剖学　第四病理学　第五分析学　第六薬性学　第七治療学
(『好生館史』)

とあり、その医学教育は、西洋医学七科、とくにドイツ医学を主とするものであった。

安政七年(万延元年・一八六〇)には、以前発行した開業免札を好生館へ返上させ、医師へ西洋医学の再教育を行う旨の達しを出した。それでも、領内には好生館への西洋医学研修を拒み、そのまま配剤を続けていた開業医もかなりいたと

みられる。そこで、文久元年（一八六一）七月には、好生館から佐賀藩領内医師に対し、医師一統西洋法を学ぶようにすること、文久三年までに西洋医学へ改めない者は配剤を禁止する、すなわち医業を禁止するという厳しい達しが出された。さらに翌八月になって、本藩請役所からも同様の命令を出させた。こうして、佐賀藩領の開業医師は慶応元年（一八六五）までにはすべて西洋医学を学ぶことになり、修業の程度差はあっても実施されたと思われる。このように全領医師への徹底した西洋医学強制研修を行った藩は、全国で例をみない。

第四章　種痘の普及と伊東玄朴

天然痘とその対策

伊東玄朴の大きな医学的業績の一つは、天然痘に対する予防策としての牛痘種法（種痘）の普及に貢献したことである。

天然痘（Smallpox）は、天然痘ウイルスを病原体とする感染症の一つで、死亡率も二〇～五〇％と高く、治癒しても顔や上半身に痘痕（あばた）を残すことから、世界中で恐れられてきた。日本では天然痘のことを疱瘡とか痘瘡、痘疹、いもなどと呼んでいる。

佐賀藩の初代藩主鍋島勝茂も、息子忠直を疱瘡で亡くし、菩提を弔うために、江戸に賢宗寺を建立しており、その後も佐賀各地での疱瘡の流行が記録されている。

天然痘に一度かかると再び罹患することはないことが経験的に知られていたため、インド、中国などでは、天然痘患者の痘漿や痘痂を健康人に接種し、軽度の天然痘に罹らせて免疫を得ようとする人痘法が行われていた。

ジェンナー肖像／深瀬泰旦『わが国はじめての牛痘種痘 楢林宗建』出門堂

中国式人痘法は、人痘の痂を粉末にして鼻に吹き入れる方法が主に行われていた。インド起源の人痘法は、針で腕に接種する腕種人痘法でトルコからヨーロッパに伝播した。

秋月藩医師緒方春朔は、中国式人痘法は鼻腔内へうまく吹き入れることが難かしかったので、それを改良して、寛政元年（一七八九）に初めて、痘痂を粉にして鼻から呼吸にあわせて吸い込ませて、軽い天然痘に罹らせる鼻吸入式人痘法に成功した。春朔は、寛政八年までに千百人以上にこの人痘法で接種し、失敗しなかったという。

春朔が鼻吸入式人痘法を実施していた同じころ、一七九六年に、イギリスの医師ジェンナー（琴納 Edward Jenner）が、牛痘を子供の腕に接種して免疫を得る接種法、すなわち牛痘種法を発明し、一七九八年に公表した。

ジェンナーの牛痘種法は、イギリスからヨーロッパへ普及するとともに、各植民地へも普及したが、日本は鎖国状態であり、シーボルトが来日したとき、牛痘接種を試みているが失敗するなど、なかなか牛痘入手そのものが困難だった。

天保十二年（一八四一）正月、玄朴の友人大槻磐渓は長男順之助を天然痘で亡くした。磐渓は意を決して、その直後に、玄朴に長女春への種痘を依頼した。

玄朴は、ジェンナーの牛痘法を熟知し、天保九年には、甥の池田洞雲とともにドイツの医師フーフェランドが紹介した牛痘法を『牛痘種法編』として翻訳し、藩主に献上しているほどで、牛痘種法の効果と意義を誰よりも理解していた。しかし、牛痘が入手できない天保十二年段階では、人痘法で接種をするしか方法は

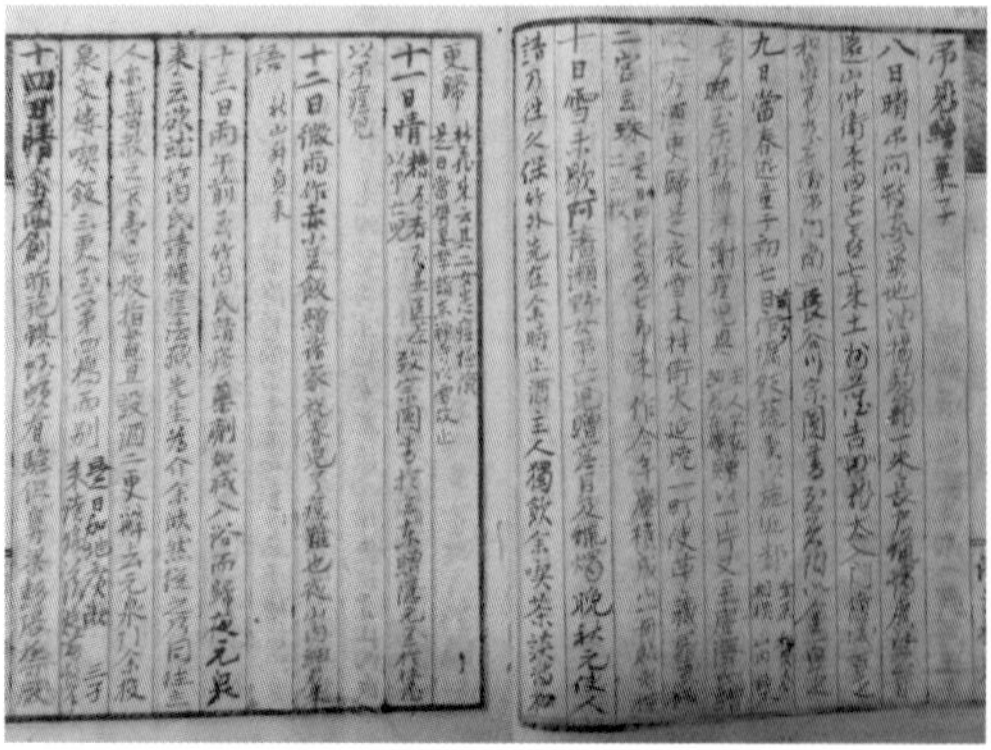
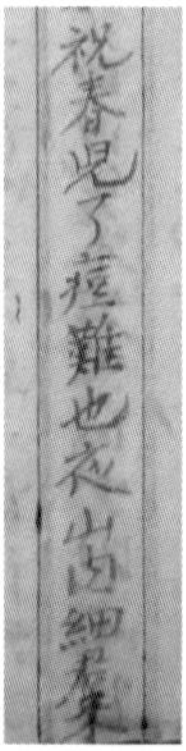

『始有廬日記』天保十二年閏正月十二日条
宮城県図書館蔵

なかった。良結果が得られるかわからないと磐渓に相談すると、彼は世に益するために実施をと強く求めた。玄朴はそれに応えて最良の人痘の痂を選び、針で腕に接種する方法（腕種人痘法）によって接種した。見事に軽い感染で済んだ。春への人痘接種が成功したのだった。磐渓は日記の天保十二年閏正月十二日のところに、「作赤小豆飯、贈諸家、祝春児了痘難也」（『始有廬日記』）と、赤小豆飯を作って諸家へ贈り、春への種痘成功の喜びを記している。

喜んだ磐渓は、二女陽、二男如電、三男文彦へも人痘接種を玄朴に依頼して成功した。のちに大槻如電は著書『新撰洋学年表』に、この人痘接種を記し、自分たち兄弟が老健なのは蘭学の家に生まれて人痘接種をうけたことにあると感謝している。

磐渓の「世に益するため」という強い決意が、玄朴の新たな医療行為へ挑む勇気を喚び起こし、最良の人痘を選んでの接種成功に至った。この成果が、直正を通じて、親戚の宇和島藩主に伝えられたので、玄朴は、弘化四年（一八四七）二月七日夕（二月八日実施説は間違い）に、宇和島前藩主伊達宗紀の実娘正姫へも、江戸の宇和島藩邸で人痘を接種し成功している。

この種痘成功をみた宇和島藩主伊達宗城は、国元の家老に宛てた手紙で、正姫の天然痘発症が軽症で収まったのは種痘のおかげであること、伊東玄朴については「同人申すごとく万端滞りなく相済み、実ニ感心せしめ候、余程熟達候事にて、生涯の安心候」と、その手際のよさと医者としての力量の高さに感服して、玄朴のもとで修業している藩医富沢礼中が帰国したら、藩内にこの種痘をひろめたい

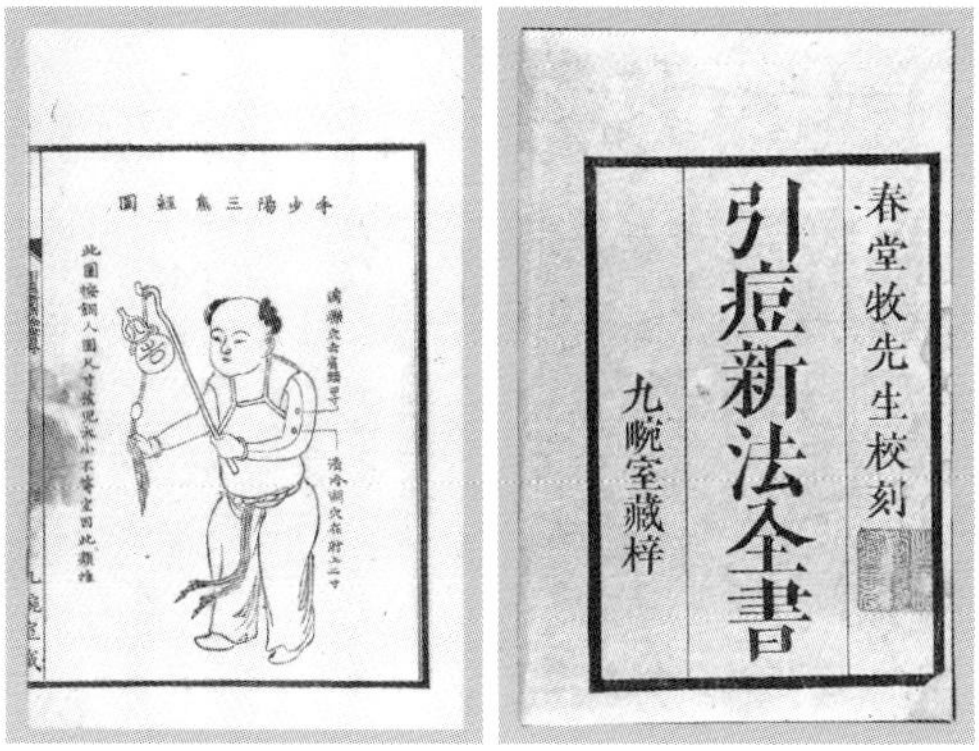

『引痘新法全書』
武田科学振興財団杏雨書屋蔵

ことなどを書いている（『藍山公記』）。

しかし、玄朴の頭のなかには人痘法よりもはるかに安全な牛痘法をひろめたいという気持ちが常にあり、藩主直正に牛痘の入手を進言した。直正も宇和島藩正姫への種痘成功をみて、自身の子や領民への牛痘法の普及を強く感じたとみられる。

牛痘苗の長崎到来

弘化三年（一八四六）には、佐賀藩医牧春堂が『引痘新法全書』で、牛痘法が天然痘予防に優れていることを紹介していた。さらに弘化四年一月には、長崎在住佐賀藩医楢林宗建《ならばやしそうけん》から牛痘入手願が出されたので、直正は、玄朴の建言を受け入れ、弘化四年二月十二日付で、楢林宗建へ牛痘苗入手を命じた（『楢林家系図及累世履歴』（以下『累世履歴』と略称）。

直正の内命をうけた宗建は、商館長のレフィスゾーンと相談し、同年九月の蘭船帰国便で、新たな商館医が来るときに牛痘を持参してほしいと本国へ伝えてもらうこととなった。

翌嘉永元年（一八四八）六月、新任のオランダ商館医モーニッケ（Mohnike）が来日し、前年の依頼通り、牛痘漿を密封して持参した。牛痘漿とは、牛痘を健康な子に種えたあと、一週間ほどして腕にできた発疹から採取した膿のことで、天然痘への免疫となる牛痘ウイルスが生きている。種痘後、三週間ほどたつと発疹は痂になるので、それを採取したのが牛痘痂である。通常は、牛痘漿のついた

棡林宗建肖像／武田科学振興財団杏雨書屋蔵

種痘針で腕に擦過傷をつけ、牛の天然痘に軽く感染させ免疫を得る方法をとっていた。

牛痘漿の到着の知らせをうけて、宗建は、長崎の通詞らの子二人を連れて、出島でモーニッケから種痘を実施してもらった。しかし、うまく感染しなかった。モーニッケは、オランダ国からだと牛痘漿が腐ってしまうのかもしれないというので、宗建は、我が国では人痘の痂を使った人痘法が行われてきたので、今度は牛痘痂を持参してほしいと依頼した。モーニッケもこの提案に賛成して、翌年来日する船に牛痘痂を持参させることを約束してくれた。

こうしてモーニッケの依頼をうけて、嘉永二年六月二十三日（一八四九年八月十一日）、スタート・ドルトレヒト号がバタビアで採取した牛痘漿と牛痘痂を携えて入港した。

じつはこの到来日が研究書によって諸説あり確定できていなかったが、『オランダ商館日記』、長崎奉行所史料、柴田方庵『日録』などから、六月二十三日に牛痘痂が到来したと確定できた。以下、これらの史料から長崎での種痘の経過を整理して記述する。

牛痘痂の到来後三日目の六月二十六日（西暦では八月十四日）に、楢林宗建は、三男建三郎とオランダ通詞加福喜十郎児、同志筑清太郎児を長崎出島へ連れて行き、モーニッケから接種をうけさせた。一週間後の七月三日に検査したところ、宗建子の建三郎のみが善感したことが確認できた。その建三郎の発疹から得た痘漿を通詞の子らに接種すると、さらに一週間後の七月十日には、二人とも善感したことがわかった。これから、この痘漿や痘痂を子供らへ植え継ぐことで、我が国の牛痘法による種痘が始まった。

楢林宗建の『累世履歴』には、建三郎の乳母が出島に出入りすることができたのが七月十七日で、その時に初めて接種させたとあるが、これはなんらかの書類上の必要でつじつまあわせに記載したもので、実際に建三郎らに接種させたのは六月二十六日で間違いない。というのは、七月七日に長崎で修業中の医師柴田方庵へ、このたび牛痘接種に成功したから種痘用の子供を集めてほしい、オランダ通詞会所で種痘実施を行いたいから来てほしいと連絡が入っており（『日録』）、七月十七日以前に、すでに牛痘接種が成功していたことが判明するからである。

七月十一日に通詞らから、七月十六日にはオランダ通詞会所で種痘を実施するから方庵にも来てほしいとの連絡があった（『日録』）。しかし実際には、十六日にはまだ準備ができず、七月二十一日になって奉行所から江戸町通詞会所での種痘実施許可がおり、七月二十四日から実施されるという書状が方庵に届いている。

七月二十四日、朝早くから方庵は江戸町通詞会所にでかけた。モンニー（モーニッケ）ら二人の外科医が十七人に種痘をして牛痘種法を伝授し、次回は七日後の八月一日に実施することになった。

八月一日に方庵が会所にでかけると、蘭人から種痘針を贈ってもらった。以後、七日ごとに種痘日として接種が続けられ、方庵も実際に数児に接種を行い技術を習得し、やがて市中の小児に独自で種痘を接種するようになった。

長崎では、七日ごとの接種サイクルで確実に実施していたので、七月二十四日

鍋島直大／『佐賀藩海軍史』知新会

から逆算すると、接種日は、七月十七日、七月十日、七月三日、六月二十六日となり、この点からも六月二十六日が建三郎らへの最初の接種日であったことを裏付けることができる。

佐賀への牛痘苗伝播

宗建が、種痘の成功を佐賀藩に伝えると、早速、藩医大石良英が長崎に遣わされ、種痘成功を確かめて藩主直正に伝えた。佐賀藩は長崎への牛痘伝来をうけて、嘉永二年（一八四九）八月六日に、種痘を領内へ広めるために引痘方を設置すること、藩医らを引痘方医師として種痘を実施すること、藩主子息淳一郎へも接種することなどを領内に触れた（『直正公譜』）。

引痘方の設置時期について、『鍋島直正公伝』には嘉永四年から設置されたとみられる記述があるが、これは誤りで、引痘方は嘉永二年八月六日段階で設置され、このとき任命された引痘方医師は、水町昌庵、馬渡耕雲、牧春堂、大石良英の四名と、諸役に永松玄洋、山村良哲、外尾文庵であった。

楢林宗建は藩命をうけて、牛痘を接種した子供（種痘児とよぶ）を連れて、八月四日に長崎を出発し、八月六日に佐賀城下へ到着した。

藩主直正は、宗建を呼び、このたびの牛痘伝来の内命をよく果たしてくれた、天然痘は古来より数多の人々を苦しめてきた、種痘を広めることは余個人の満足のみならず、広く施行すれば、その功もことに大であると宗建の功績を褒め、佐野寿仙、大石良英、島田南嶺、林梅馥、牧春堂ら側医を集め、領内に広める前に

直正公嗣子淳一郎君種痘之図／佐賀県医療センター好生館蔵

鍋島直正／公益財団法人鍋島報效会蔵

藩医の子への接種を命じた（『累世履歴』）。

直正は種痘を普及することは天下の為になるという明確な方針を持っていたのである。こうして宗建は八月七日にまず大石良英と島田南嶺の子に接種すると、一週間後には発疹があり善感が判明したので、その発疹から「よい種」を採取して他の数児に接種した。接種場所は佐賀城下の呉服町本陣であった。

八月十六日には多久領主の弟萬太郎（十一代多久領主茂族《しげつぐ》弟で七歳）に対して種痘を実施し、八月二十二日に善感が確認された（『（御屋形）日記』八月二十三日条）。そこで二十二日か翌日には、直正の子淳一郎（のちの直大で四歳）への接種が行われた。おそらく萬太郎の発疹から「よい種」が淳一郎へ接種されたとみられる。

宗建は、二十日間ほど佐賀城下に滞在し、藩医らに種痘術を伝授し、直正から褒美として金三十両をいただき、八月二十八日に佐賀を発ち、二十九日に長崎に帰った。長崎で種痘の普及をすすめ、同年十月には、江戸の戸塚静海、京都在住の兄楢林栄建ら諸氏に牛痘の「種」を送った（『累世履歴』）という。宗建は、同年末にこれらの経緯と牛痘接種の正しい手順を記した『牛痘小考』という小冊を著し、牛痘苗の正しい普及を願った。

種痘成功を聞いて萩藩から蘭方医青木研蔵が八月下旬に佐賀と長崎にやってきて、結局、佐賀から痘苗を持ち帰り、九月には萩藩で種痘を開始した。

長崎から大村藩の長与俊達が痘苗を持ち帰り、長崎の唐通詞潁川五郎八《えがわごろはち》は孫娘の痘痂を京都の日野鼎哉《ひのていさい》に送り、活着した痘苗が、さらに大坂の緒方洪庵、越前の笠原良策らに分苗されて、各地で種痘が実施されていった。

宗建から分苗された京都の楢林栄建は、嘉永二年十月に、同志の江馬権之助、小石中蔵らと有信社という種痘所を開設し、種痘普及につとめた。有信社は、明治維新後、新政府の種痘所として引き継がれることとなった。

佐賀藩では、嘉永四年に引痘方を再整備し、引痘方から全領での種痘を実施することにした。安政五年（一八五八）に、好生館ができると、引痘方事業は好生館に移った。好生館は、毎年、藩医の中から引痘方医師を十名ほど選出して、領内一順医師として各自領内各地を計画的に巡回させて種痘を実施した。好生館は、代官や庄屋に種痘日までに種痘場所や種痘をうける子供の確保を命じ、村医師らに藩からの引痘方医師の種痘実施の手伝いをさせた。安政六年から万延元年（一八六〇）にかけて、引痘方医師になった松尾徳明は、約一年間で一二二五人以上に種痘を接種した（『引痘方控』）。佐賀藩の種痘は全額藩費負担で、被接種者は無料であったことに大きな特徴がある。

江戸への痘苗伝播

佐賀では淳一郎への接種も成功し、城下への接種が続けられていた。江戸では伊東玄朴らが痘苗の到着を今か今かと待ち望んでいた。『伊東玄朴伝』によれば、鍋島侯の江戸出府のときに島田南嶺に命じて牛痘を江戸にもたらし、玄朴に命じて貢姫に種痘させるために、玄朴はまず自分の娘はるに試種し、その後、藩邸で大石良英、佐野寿仙、水町某（昌庵カ）、牧春堂立ち会いのもとに、貢姫の両腕

貢姫／同前

に二個宛二行十二ヶ所に植えて悉《ことごと》く善感した。姫はこのとき十一歳だったという。
痘苗の江戸到着の時期は十一月とされていたが、伊東玄朴が伊予宇和島藩の門人富沢礼中に宛てた嘉永二年十二月二十一日付書簡によれば、十月二日に牛痘が江戸に到着していると述べており（『伊予史談』）、鍋島直正の江戸到着が十月二十五日なので、牛痘は参勤交代の到着以前に玄朴のもとに届いていた。そこで玄朴は自分の娘のはるに接種し善感後、「よい種」を植え継いで準備を万端整えてから、十一月十一日に貢姫に接種したものであろう。

江戸でも活着したモーニッケ苗は、伊東玄朴の手から、友人の桑田立斎や大槻俊斎らに分けられ、各地に広がることとなった。桑田立斎は嘉永二年（一八四九）十一月十八日に玄朴より分苗されてから、嘉永三年十二月までに一〇二八人に種痘を実施したと述べている（『牛痘発蒙』）。

玄朴から分苗された大槻俊斎も、華岡青洲とシーボルト門人の本間棗軒に分苗し牛痘針を送った。棗軒は喜び、嘉永三年正月十日、自分の六男に牛痘種痘を実施して善感したので、以後、年々五、六百人に実施し、およそ合計で数万人に実施したという（『内科秘録』）。

こうして、牛痘種痘は、江戸から各地に順調に普及するかに見えたが、組織的な官営種痘事業へは、なかなか発展できなかった。というのは、漢方医の牙城たる幕府医学館の多紀元堅《たきもとかた》の建言で、嘉永二年二月七日に、幕府医官は眼科と外科以外は蘭方医禁止という命令が出され、蘭方への制限が加えられたからであった。これは幕府医官を対象としたものであったが、諸藩でもこれにならうところが出

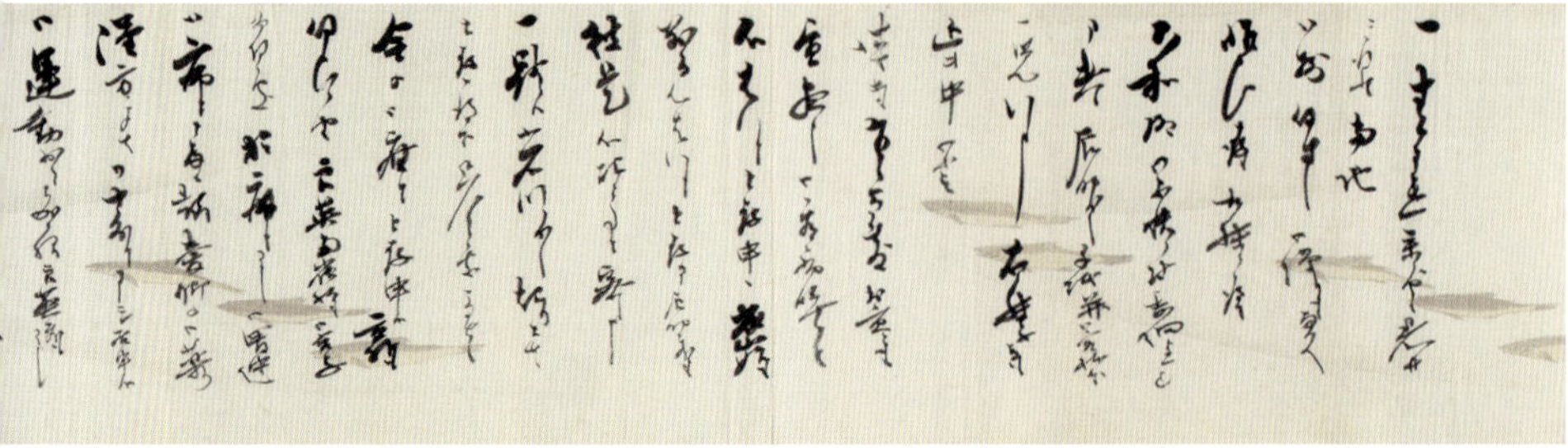

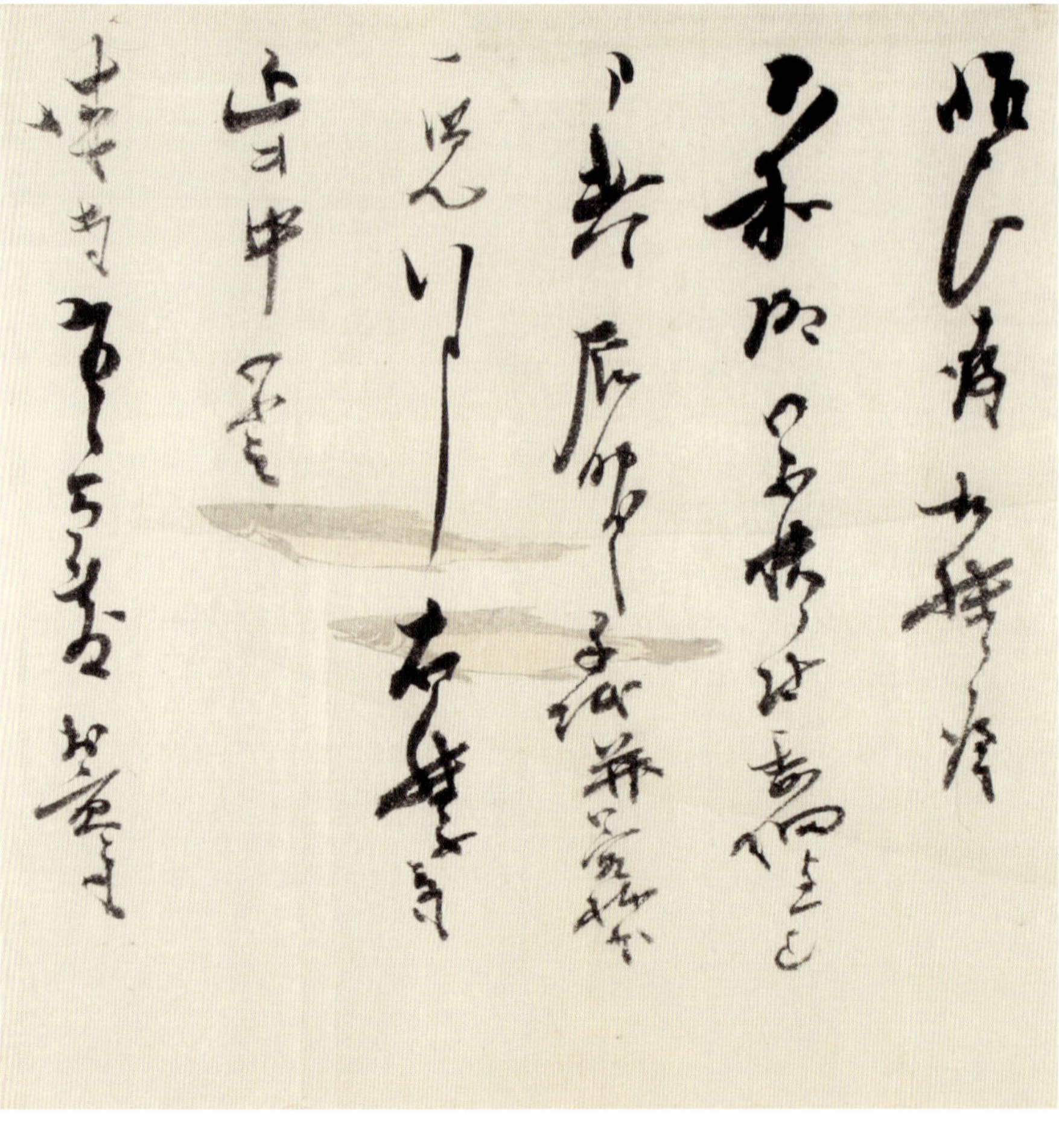

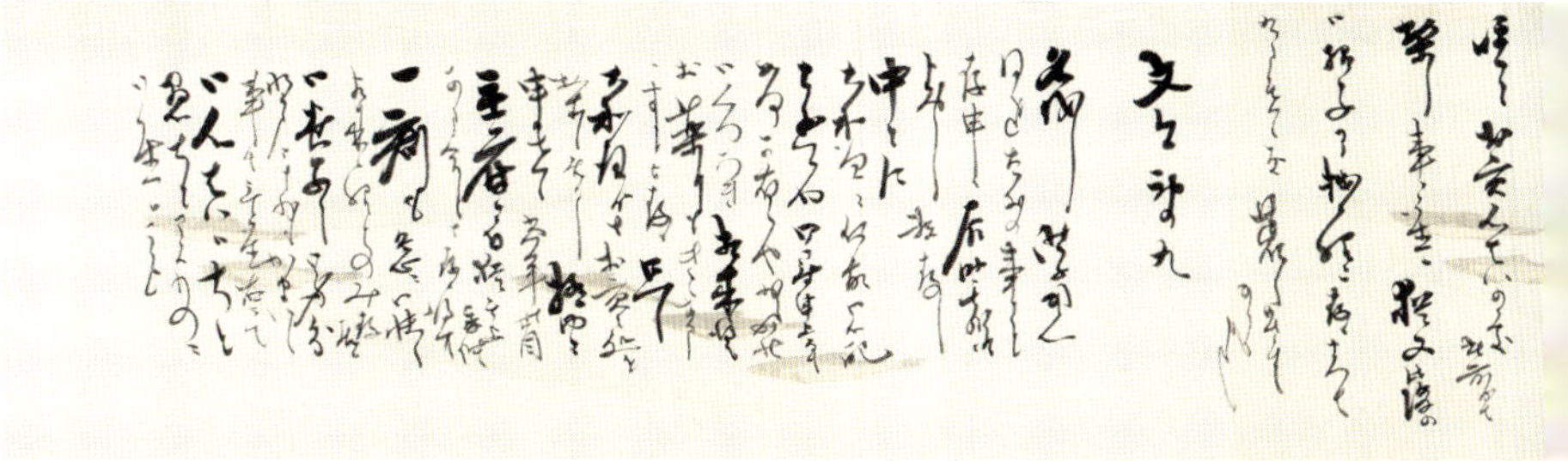

鍋島直正：貢姫宛書簡・同部分／公益財団法人鍋島報效会蔵

一寸と申遣参らせ候。暑さ
に候得共当地
御揃何方の御障りもなく
怡び存候。左様候得ば
大和殿御不快の由委細与一迄
申遣候。辰助よりの手紙幷御容体書
一覧いたし候。右様子にても
近き中御登
城等も有之間敷お貢にも
昼夜之御看病嘸々
心ぱいと被存申候。幾山始も
別て心ぱいと被存申辰助其外にも
彼是心配候事と察し申候。
一体は小石川よりの起りとは
被存候得共只今の処にては
全の御疳と被存申候。玄朴も
伺ひ候由良英南嶺抔も御容子
為伺候処於疳と申し候。御胃逆
御病と被存候趣愛郷の御薬り
漢方にしては御十分と申し居申候。
御運動少々被成候様良英其外も申し居
申候。そろ〳〵御庭へ成共
御出被成度ものと申し居申候。
嘸々お貢心ぱいの処此前よりは
案じ候事に御座候。猶又此後の
御様子申越候様に存候。まづは
右申遣度荒々如此御座候。
めでたくかしく。
文月初の九。

名を〳〵時かふ用心
何れ太義の事候と
存申候。辰助其外えも
よろしく頼存候。
中々に
大和さまに何故御心配
被遊候や。御尋申上ては
如何可有候や。少し成共
御くつろぎ相成候得ば
お薬りもきゝ可申
候半と被存候。只々
大和さまよりはお貢の処を
案じ居申候。極内々
申遣候。当年は早目
参府に付猶其上委細
可申合とは存候得共
一刻も急に御快く
相成候様とのみ存居候。
御養子之御身分
水戸には少もかまい候
事は無御座右にて
御心ぱいはちと
愚ちと申すものに
御座候。已上。

た。さらに同年九月二十六日には、蘭書翻訳取締令がだされ、翻訳医書の出版は幕府医学館の許可制となったため、西洋医学書の翻訳出版は、ほとんど停止状態になった。さらに幕府医学館痘科教授の池田霧渓は、人痘はもとより牛痘に対しても強い忌避感を抱いていた。

こんな厳しい時期に、蘭方医の旗頭の玄朴が危篤状態に陥った。安政二年(一八五五)正月二十一日付の坪井信良(坪井信道養子)が、郷里高岡の実兄佐渡三良に宛てた書簡に、

伊東玄朴事、旧冬中旬より胸脇疼痛、所謂セイデウィニテ打臥、爾来先掀衝性之処ハ、夫々之手当ニテ分解仕候得共、次第ニ衰弱相加リ、実ニ危篤状態ニ陥リ、一同為世為道、大心配仕居申候、何卒シテ本復為致度者ニ御座候

(『幕末維新風雲通信』)

とある。玄朴が安政元年の十二月中旬頃、胸脇疼痛(セイデウィ zijde wee)のため、ひどい熱がでて、危篤状態になった。蘭方医一同が、玄朴を失ったら世のため道(蘭方医学)のために大変な損失になると大いに心配し、本復を願っているという手紙だった。蘭方医仲間にとって玄朴の存在がいかに大きいものであったかよくわかる。じつは、蘭学者で著名な幕府伊豆代官の江川英龍も同年の十二月中旬から神経熱にかかり、玄朴や坪井信良らの診察後、養生していたが、安政二年正月十六日に亡くなっている。蘭学の庇護者だった江川を失った直後の今だ

からこそ、玄朴の回復を心から祈る信良だった。

しかし、玄朴は無事回復した。信良の三月十日付、信良実兄への書簡に「伊東玄朴翁事、冬来大病之処、不思議に全快、当時又々以前之如ク廻勤仕候、何分ニも厚運之ニ御坐候」(『幕末維新風雲通信』)とあり、ほっとした気持ちを伝えている。

蘭方医学の閉塞状態に風穴をあけることになった年が、安政四年だった。幕府医学館での漢方医の代表的存在だった多紀元堅が同年二月に没し、大きな重石がとれた。幕府は、安政四年に、蝦夷地の支配強化のためアイヌへの種痘実施計画をたて、桑田立斎と深瀬洋春がこの事業に応じて、同年五月から九月までに六千四百人余に種痘を実施する実績をあげた。長崎では海防の一環として長崎海軍伝習所が発足しており、その医官として安政四年九月に来日したポンペが、幕府医官の子弟向けに西洋医学伝習を開始した。幕府医官松本良順が派遣され、ポンペに協力して、長崎で本格的な西洋医学教育が行われはじめた。

お玉ケ池種痘所の設置

こうした情勢のなかで、玄朴ら蘭方医たちは種痘の実施をてこに西洋医学の普及をはかろうとした。それがお玉ヶ池種痘所設立の構想である。

お玉ヶ池種痘所建設の準備は、安政四年(一八五七)六月頃から始まり、数ヶ月の準備をして、八月に、下谷の大槻俊斎宅で、かねてから協議されていた種痘所開設のための会合が開かれた。集まったのは、伊東玄朴(五十八歳)、戸塚静海（五十九歳）、竹内玄同（三十三歳）、林洞海（四十六歳）、箕作阮甫（五十九歳）、三宅艮斎（四十二歳）ら、そうそうたる蘭方医たちと、薬商斎藤源蔵であった。斎藤源蔵は二代目神崎屋源蔵といい、初代が高野長英の長崎行きの経済援助をしたことで知られる開明的商人だった。

彼らは集まったその日のうちに、内諾を得ていた神田お玉ヶ池の川路聖謨の拝領屋敷を借りて種痘所とする願書を幕府に提出した。その願書は、佐賀藩医伊東玄朴から「諸人救助の為、蘭方医師ども出張して種痘致し候」として、川路の神田元誓願寺拝領屋敷を借り受けたいと申し出があったので内意を伺いたいと、川路聖謨の名前で幕府に伺いとして出したものである（「江戸種痘所始末」）。

伊東玄朴は江戸の蘭方医のリーダー的存在であり、圧倒的な政治力をもって同志を集めたものであろう。川路聖謨と蘭方医グループをつないだのは箕作阮甫で、ロシア使節プチャーチンが長崎に来航したとき、川路とともに長崎で外交交渉にあたった仲であった。

ときの勘定奉行を申請人にした作戦は功を奏して、安政五年正月十五日に老中堀田備中守（正睦）から許可状がだされた。堀田正睦もまた蘭学に理解のある大名で、佐倉藩へ佐藤泰然を招き、順天堂で佐倉の蘭学を興隆させた大名であった。

許可の知らせを川路からうけた大槻俊斎は、正月十八日には早くも玄朴門人の池田玄仲（多仲）を呼び出し、普請と寄付金の相談を開始した。

種痘所設置のための基金拠出者は八十三人にも及び、五百八十両の資金を集めることができた。この人数について従来八十二人説があったが、深瀬泰旦氏の詳

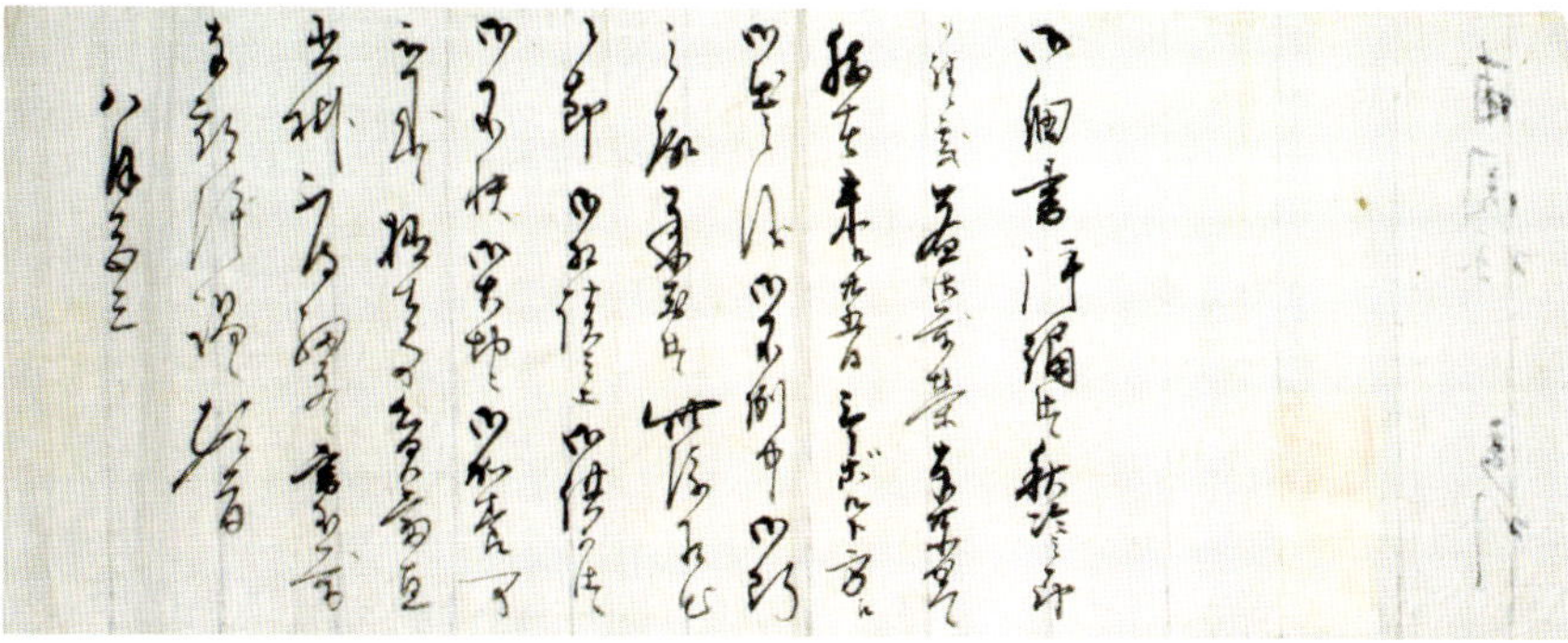

伊東玄朴：桂川甫周宛書簡／早稲田大学図書館蔵

細な研究により、戸塚静甫を加えた八十三人説が正しいことが明らかになった。

そのメンバーは、伊東玄朴、伊東玄民、織田研斎、池田多仲、野中玄英、鈴木玄岱、小島俊禎、益城良甫、柳見仙、石川玄貞、西川玄泰象先堂塾門人らがあげられる。初代坪井信道は嘉永元年（一八四八）に亡くなっているが、名前は挙げられており、坪井信道関係者として、藤井方策、川島元成、渡辺春汀、乃木文迪、三沢良益、坪井信良が参加している。佐藤泰然は、佐倉在住でここには見えないが、林洞海、竹内玄同ら門流や知友の名前がみえる。緒方洪庵門の江戸在住者として、手塚良庵、野中玄栄、赤城良伯、岡部同直らの名前が出ている。幕府医官でも松本良甫（泰然友人、寄合医師、松本良順養父）、桂川甫周（奥医師）、添田玄春（寄合医師）、川島宗端（小普請医師）なども参加している。また大槻玄俊や榊原玄辰など十代の医師も組み入れ、江戸にいる蘭方医の主なメンバーと若手がほとんど参加しているといっても言い過ぎではない。

お玉ケ池種痘所設立は、江戸在住蘭方医らのネットワークを生かしたチームプレーの成果であり、我が国近代医学発展への記念碑的事業となった。

お玉ケ池種痘所の発展

こうして設立準備が進み、津和野藩出身池田多仲（のち玄仲）を事務方として安政五年（一八五八）五月七日に開設のはこびとなった。準備のため、五月六日付の書簡で、玄朴は池田多仲に宛て、小田原町の弁松というところの握り飯が大変評判よいので、一人前一匁五分の品を二匁にしてでも四十人前を笹折で用意するように、あなたが出かけていって頼んでください。いま、大槻俊斎と明日の設立式典の打ち合わせをしているところです。式典のときには、毛氈が二枚、鉢が一つ、火鉢二つが必要、燭台は不要、花生けも無用で余り華美にならないようにという内容で（『東大医学部初代綜理池田謙斎――池田文書の研究（上）』以下『池田文書の研究』）、玄朴のこまごまとした指示と前日の準備の慌ただしい様子を伝えている。

種痘所は五月七日に開設したものの、五月十二日には、種痘所の印鑑がもうすぐできるということを玄朴が池田多仲に伝えているなど、種痘所発足時の運営費や事務的諸費用は玄朴が負担していたようで、玄朴を中心に大槻俊斎らが合議して運営をすすめていた。

ところが、種痘所は開設半年後の十一月十五日、神田相生町からの出火によって類焼してしまった。再建費用は医師らからは集めきれない。困った。そのとき、設立時からの同志の一人である三宅艮斎が、旧知の銚子の豪商浜口梧陵に相談した。すると浜口梧陵は快諾し、三百両の拠金を約束してくれた。玄朴は再建地を探して、象先堂の近くの和泉橋通りの小普請組山本嘉兵衛屋敷地などを池田多仲名義で借用でき、安政六年九月に種痘所は再建された。しかし建物はできたが、図書や設備が不足しているのをみて、浜口梧陵はさらに四百両を追加寄付してくれたので、再建種痘所は種痘だけでなく、西洋医学の研修施設としても出発できるようになった。

種痘は、四日目ごとに各医師が出席して行い、接種後八日目に善感したかどうかの判断をしていた。俊斎らが出張種痘を実施することもあった。奥医師となっていた玄朴の次のねらいは、私設の種痘所を官営の施設に発展させることであった。

万延元年（一八六〇）九月一日に大槻俊斎が幕府お目見え医師となり、そして十月十四日にとうとう種痘所は幕府直轄の施設となった。その初代頭取に大槻俊斎が就任した。玄朴は奥医師として種痘所をバックアップする体制をとった。

官営種痘所は、西洋医学の教育機関の機能を充実させることにつとめ、文久元年（一八六一）には伊東玄朴の養子玄伯と林洞海の嗣子研海を長崎のポンペのもとに留学させ、二人は翌文久二年にはポンペの帰国に同行するかたちで、オランダ留学をすることになった。これが我が国の公式な海外留学生の最初の派遣である。

官営になったことで、医学館と同様の公的機関となり、幕府から事務官が派遣されるようになり、医師らは事務的作業からは解放され、種痘や医療活動に専念できるようになった。

大槻俊斎は文久元年八月に「医術解剖儀ニ付奉願候書付」（『徳川禁令考』）を提出し、解剖用刑屍体を直接種痘所へ払い下げてもらえないかと願い出た。町奉行からは、従来通り小塚原回向院へ払い下げるが、役人立ち会いなしでも解剖してよいという返事があった。種痘所が、解剖を実施することで江戸における西洋医学の教育研究施設の役割を担っていたことがわかる。

そして、文久元年十月二十五日に種痘所は西洋医学所と改称され、名実ともに

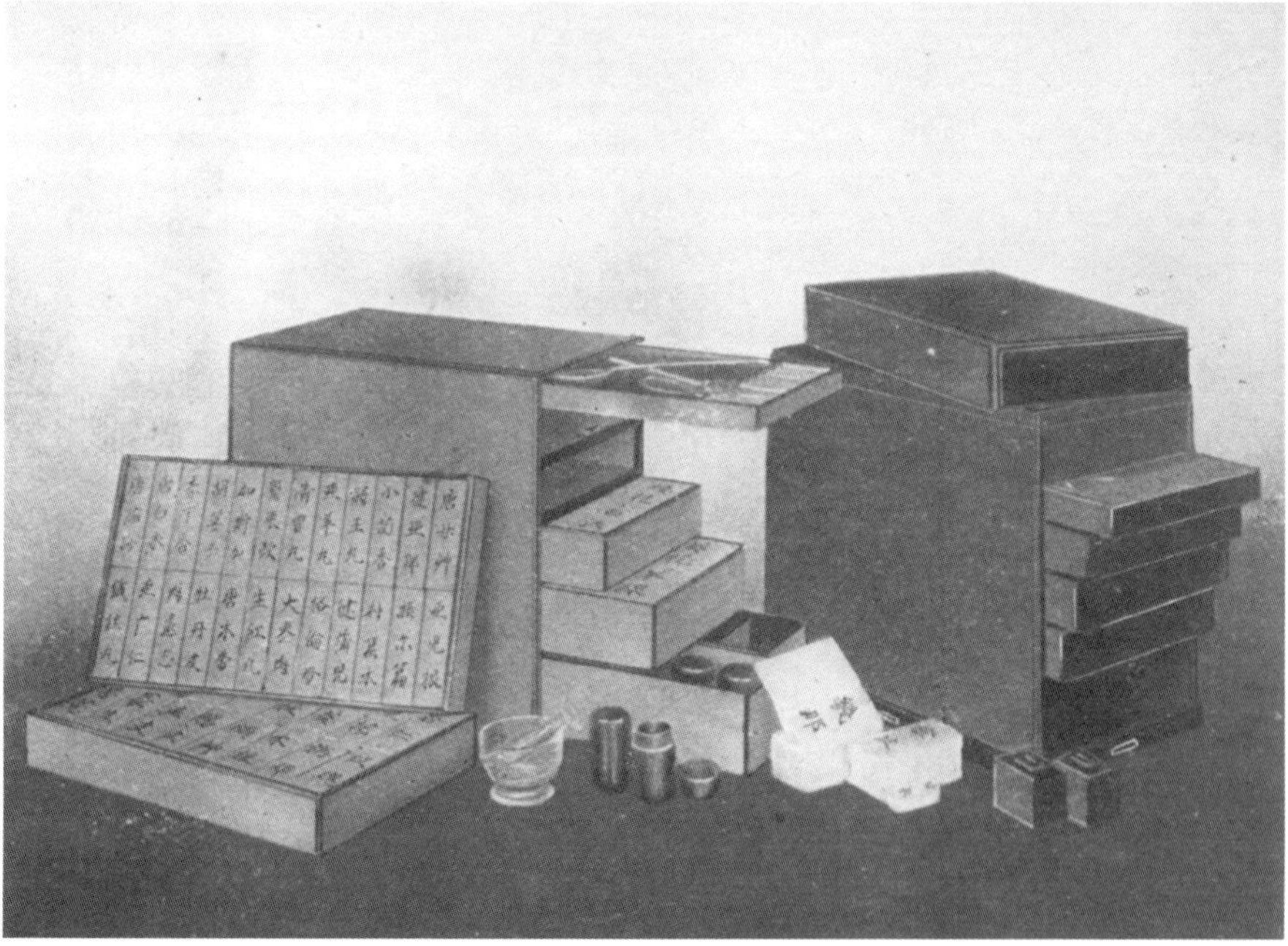

伊東玄朴所蔵の蘭書（上）と薬箱（下）／伊東栄『伊東玄朴伝』玄文社

江戸における公的な西洋医学教育機関としての役割はさらに増大した。

伊東玄朴、奥医師となる

お玉ヶ池種痘所が開設されて二ヶ月もたたない安政五年（一八五八）七月三日、伊東玄朴へ、火急の用だから江戸城へ至急登城せよとの書き付けが届き、急ぎ登城したところ、老中から奥医師を命ぜられたという。

これは、将軍家定の病気（脚気衝心といわれる）が重くなり危篤状態に陥ったからだった。七月三日に奥医師に任命されたのは、伊東玄朴と戸塚静海の蘭方医二人と、遠田澄庵、青木春岱の漢方医二人の四人だった。

だが、家定の病状は悪化の一途をたどった。玄朴は一計を案じ、七日付けで、竹内玄同、坪井信良、林洞海、伊東貫斎（玄朴養子）ら蘭方医四人を一挙に奥医師にすることに成功した。じつは、家定は七月六日に亡くなったのだが、すぐには公にできない事情を利用して、治療を続けているとみせるための玄朴の政治的策略の勝利だった。また同年のコレラ流行に伴い、十月に蘭方医松本良甫（良順養父）、吉田収庵らを奥医師製薬掛に就任させたのも玄朴のはからいである。こうして玄朴は、幕府内部に蘭方医勢力を一気に拡大定着させることに成功した。

玄朴は、文久元年に医師の身分で最高位の法印に叙せられ、長春院と称することになった。

文久元年（一八六一）四月に将軍家茂が発熱し、玄朴は診察して、常用の健胃丸をやめさせ、センナ飲の服用により快癒させた。同年九月五日には前将軍の未亡人である天璋院へ健胃駆風丸を調合している。文久二年には、家茂夫人和宮の麻疹治療もして銀五枚を賜っている（『伊東玄朴伝』）。

江戸城には御製薬所があり、漢方の生薬を加工して丸散剤などをつくっていた。しかし、奥医師となった玄朴は、江戸城二の丸製薬所で蘭方の新薬製造が行われていないため、新薬製造の急務を感じて、文久元年五月八日に、硫酸、硝酸、塩酸などの二十一種の薬品製造を願い出た。この書面を御膳番という担当役人に差し出したところ、どんな病症に用いて、どんな効能があるのか、どのような用法なのか、を書いて申請してほしいとの差し戻しがきた。そこで玄朴は絵図面を作成して、硫酸・硝酸・塩酸は、硫黄・硝石・食塩などからつくり、コ《(ホ)》フマン鎮痛液、硫酸エーテル、硝酸などを製造するときのもととなるもので、炭火で数日かかる作業なので、その間に雨にあわないように絵図面通りの小屋をつくって、その後の製薬にも利用できるようにしてほしいと願い出ている。

玄朴は、将軍家の側医を蘭方医で固める人事をすすめただけでなく、それまで漢方薬ばかりで、西洋薬の製造法や効能・用法をほとんど知らない二の丸製薬所を西洋薬製造所へと改造する計画を始めたのであった。作業小屋という構築物を建設させたことは、一時的な思いつきでない深慮遠謀を感じさせる。

大槻俊斎の死と西洋医学所改革

大槻俊斎は文久二年（一八六二）正月から体調を崩していた。病床にある俊斎にかわって三月四日から医学所取締に任ぜられた玄朴は、林洞海を医学所取締手伝とし、俊斎の長男玄俊を頭取見習にした。

文久二年三月、玄朴は西洋医学所をさらに発展させるべく、病床の大槻俊斎と打ち合わせの上、次のような提案書を作成し、四月十日に幕府に提出した。その要点は、一、西洋医学所の増築、二、難病人の療治、三、舎密局の充実、四、薬園における薬用栽培、五、病院の建設、という五項目の提案であった。

西洋医学所の増築については、種痘費用は一年に三百両ほどの収入が見込まれるが、種痘日には一度に六百人ほどが来所するのでとても手狭である、しかし、本施設は上記の収入が見込めるため、増築できれば利益は永久莫大になると主張している。種痘実施による経済的利益を前面に出して、他の願いもどれも利益になるもので、御上の仁恵が広がることになるという視点からの提案であり、幕府行政官僚とのやりとりを続けてきた玄朴ならではの論法で説得力がある。また、外国人の居留する港にも病院を建設して外国人を懐柔すべしという提案は、公的医療を充実させることが我が国の国力増強につながるという確信があったからの提案といえよう。

ただこれらの提案が実現に至ったのかは、史料的には見えてこない。しかし玄朴が医療に対する幕府の積極的関与を提言したことは、明治国家における近代医療制度の構築のための先駆的な提案であったと意味づけることができる。

緒方洪庵の頭取就任

大槻俊斎が文久二年四月九日に死亡した。玄朴はその死を悼み、墓碑銘の筆をとり、その末尾に、君とは数十年来の真心のある兄弟のようなつきあいをしてきた、君を知る者は我をおいていないという気持で筆をとったと述べている（青木大輔『大槻俊斎』）。弟のような俊斎に対する玄朴の信頼をみることができる。

俊斎死後、頭取候補として名前のあがったのが坪井信道門人の緒方洪庵であった。緒方洪庵は大坂で適塾を開き、多くの門人を育て、種痘も成功させて蘭学者としての名声は天下になりひびいていた。しかし、大坂を離れたくない洪庵は、病気を理由に固辞した。

そこで玄朴らは、江戸に滞在していた長州藩の青木《あおき》周弼《しゅうすけ》に就任を要請したが、周弼は老衰で長州の外に出がたい理由があるということで固辞したため、再度、緒方洪庵に奥医師就任を理由にして出府を要請した。再三の要請をとうとう断り切れずに、洪庵は適塾の運営を養子の拙斎にまかせ、出府することになった。

洪庵は文久二年八月十九日に到着し、二十一日に江戸城中にあがり、伊東長春院（玄朴）、竹内玄同、林洞海らと会ったあと、三十人扶持、足高二百俵の奥医師の辞令をもらった（『勤仕向日記』）。そして翌月の閏八月四日には、西洋医学所頭取の兼任を命ぜられた。

こうして洪庵は、奥医師として江戸城中での将軍などの拝診や、二代目頭取としての西洋医学所での種痘実施と教育にあたるという多忙な日々を送ることになった。が、頭取役宅も新築できていない有様で、伊東玄朴宅に居候しての勤務となった。洪庵が妻八重の父に宛てた手紙には「新規之事にて未だ万事規則も相調い不申内、先役大槻俊斎と申人（是は御番医師にて相勤申候）当春死去之跡、一人役にて、是より万端私了簡に万事議定相立候事に御座候」(『緒方洪庵伝』)とあり、万事、洪庵の一存で決めなくてはならない、しかし、なかなか幕府からはお金がでないという状態であった。十二月十六日には法眼に叙せられたが、その日、大坂の妻八重に宛てた手紙には、この叙任には、大体百両は必要らしいと書き送っている。自由人から身分と格式の高い社会に巻き込まれた洪庵の嘆きであった。

西洋医学所は、文久三年二月二十五日に医学所と改称し、医学教育機関としての態様を整えはじめたが、まだまだ教科書も少なく、教育機関としては万端不足していた。洪庵は留守居役の池田太仲(多仲)に『ボムホフ和蘭字典』五冊を至急揃えるように依頼している(『東大医学部初代綜理池田謙斎』)。『ボムホフ和蘭字典』はオランダの言語学者ボムホフ(Dirk Bomhoff)編纂のオランダ語辞典のことで、洪庵は適塾式の蘭書講読を中心とする教育を展開しようとしており、それは洪庵門人も少なからずいる医学所に歓迎された。玄朴がなぜ洪庵招聘にこだわったか、それは幕末期に最大の医学塾を開いて多くの人材を輩出していた洪庵のこの教育力に期待したからだった。

洪庵は、太仲に宛てて文久三年某月七日付で「屯所大病院引受之伺書も試ニ相認候故御覧申候」と、文久二年十二月に組織された歩兵屯所での大病人(重症患者)引き受けの伺い書を準備している。さきの玄朴の提案書の第二項にみえる、難病人の治療施設としての医学所と歩兵屯所の連携活用案であった。

洪庵は奥医師としての勤務の合間に、万事不足の医学所を発展させるべく奔走した。この過労もたたり、病気がちの洪庵にかかる心労と経済上の負担は大きかった。

文久三年六月十日、下谷御徒町の頭取屋敷で、昼寝から覚めた洪庵は、突然の大量の喀血により急死してしまった。五十四歳だった。洪庵の突然の死を聞いて駆けつけた門人らは五十人を越した。伊東長春院（玄朴）も驚いて駆けつけ、奥医師の場合、死後三百日は公表ひきこもりとして取り扱うことなどを伝え、各所への届けの指示などをした。

第五章　幕末・維新の玄朴とその門流

松本良順と玄朴

安政四年（一八五七）から長崎のポンペのもとで西洋医学を修業し、長崎に新病院を建設するなどした幕府医師松本良順が、文久二年（一八六二）のポンペの帰国により、長崎留学を終えて江戸に帰ってきていた。松本良順は佐藤泰然の実子で、幕府医師松本家に養子に入った幕臣である。

ところが帰ってきた良順は、最初から「同僚にして時の医長伊東玄朴は、そのなすところ大いに我が所思と異なり、ただ営利に汲々たるのみ」（『松本順自伝』）と、二十歳余も年上の玄朴に対し敬意を示すどころか、嫌悪感をあらわにしていた。ポンペ式西洋医学を実践したいと考える良順にとって玄朴は、守旧勢力の巨大な親玉という認識だったのだろう。

江戸に帰って良順は奥詰医師となり、西洋医学所頭取助として、緒方洪庵を手助けして西洋医学所の改革にあたった。玄朴とはことごとく対立を続けた。良順の玄朴罷免の画策もあり、文久二年十一月二十三日に玄朴は奥医師御匙御免とな

ポンペと門弟たち　ポンペと並んで椅子に座るのが松本良順／宗田一『図説日本医療文化史』思文閣出版

り、いったん復職するも、翌文久三年正月二十五日に奥医師解任が正式に言い渡され、西洋医学所の運営から手をひくことになった。

前述したように、文久三年二月に西洋医学所は医学所と改称し、医学教育機関として体制を整え始めたやさきに洪庵が急死し、松本良順が頭取に就任した。良順は、究理、舎密（化学）、薬剤、解剖、生理、病理、療養、内外科の各分課を定めて、午前一回、午後二回に講義し、厳しく医書以外の兵書などの読書や翻訳を禁じた（『松本順自伝』）。良順は、玄朴が容認していた兵学書翻訳のためのオランダ語習得ではなく、医師養成のための西洋医学校として専門性を高めることをめざしたのであった。

ただし、良順は文久三年一月から慶応三年（一八六七）二月まで、将軍の上洛に随行して約三年は不在であったため、十分な改革が行われたとは言いがたい。

玄朴は退職しても、医学所の種痘活動には継続して関与しており、慶応二年以後であるが、医学所の池田多仲に対して、玄朴門人の杉田泰順に種痘免状を発行してもらいたいと手紙を出している（『池田文書の研究』）。種痘の技術水準を維持し、種痘医の権威確立のために、玄朴は医学所から免状を出させるようにしていたのである。

慶応四年に医学所は海陸軍病院と改称されたが、戊辰戦争で松本良順は幕府軍に従軍したので、林洞海が後任として頭取欠員のまま取締となり、次いで竹内玄同が頭取助として洞海を補佐した。同病院は六月に新政府の管轄に入った。

明治新政府に移管後は、旧幕府の医学館が種痘館と改称され、医学黌兼病院は、大学東校、東校、第一大学区医学校、東京医学校と変遷し、東京大学医学部の一源流となって近代医学をささえることになった。

伊東玄朴の終焉

玄朴は、慶応三年（一八六七）、父執行重助の五十回忌にあたり、金五十両を送り法事を営み村民を招待することを執行常助（玄朴甥で執行家当主）に依頼した。慶応四年二月十七日に老衰のためという理由で隠居願を提出して、さきにオランダから帰国していた養子の伊東方成に家督をゆずって現役を引退した。

戊辰戦争の戦乱を避けて、一家を挙げて、横浜の弁天通四丁目の借屋に転居した。しばらくして神奈川県知事寺島陶蔵が訪問してきた。寺島陶蔵はもと玄朴門人松木弘安で、のちの外務卿寺島宗則である。

近在の住民は玄朴が名医であることを知り、診療を乞う者が多く、玄朴は家族を督して診療を行い、のち海岸通二丁目に家を構え、悠々自適の晩年を送った。明治四年（一八七一）正月二日没、七十二歳。下谷三崎町臨済宗天龍院に葬る。法名は長春院楽翁玄朴法印という。翌五年二月七日、天龍院に祭壇を設け贈位奉告式を挙げる。

玄朴は医業の合間に詩書に親しんでいた。たとえば、六十五歳のときに、中国北宋時代の詩人蘇東坡の詩を冲斎の号で試筆している。

春入西湖到処花　　春は西湖に入って　到る処花

裙腰芳草抱山斜　　裙腰芳草　山を抱いて斜なり
盈盈解珮臨烟浦　　盈々珮を解いて烟浦に臨み
脉脉当壚傍酒家　　脈々壚に当たって酒家に傍う
　甲子試筆。六十五翁冲斎。　　甲子（元治元年）試筆。六十五翁冲斎。

大意は、春は西湖に訪れ、湖畔は至るところ花また花、緑の芳草に覆われた路は、山をつつむ裙腰のように斜めに横たわっている。霞がかった水辺に臨めば、上品な姿の娘二人から珮を解いて贈られ、湖畔の酒家に立ち寄れば、炉端の美人から、情ある眼差しでみつめられようというような意味であろう。

伊東玄朴の家族

玄朴の妻照はオランダ通詞猪俣伝次右衛門の娘で、文化九年（一八一二）の生まれで文政十一年（一八二八）に結婚、明治十四年（一八八一）五月七日に七十

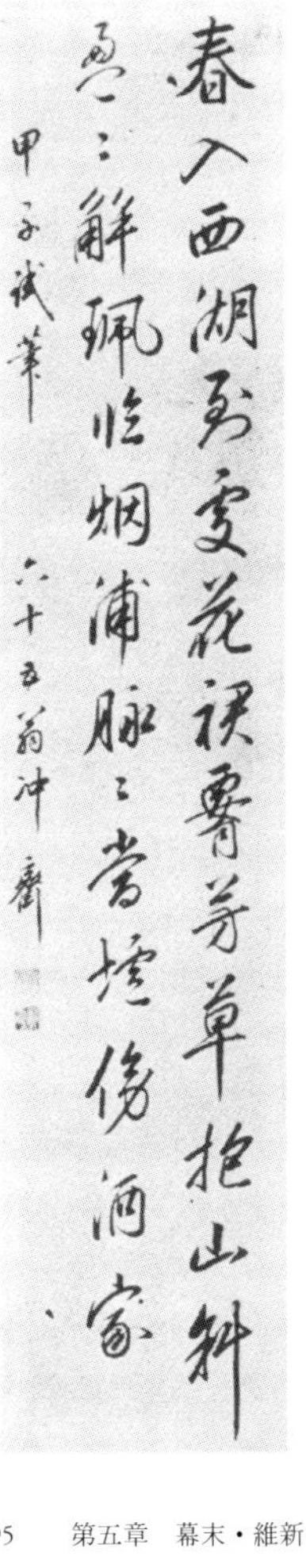

伊東玄朴書「蘇軾再和楊公済梅花十絶其五」／伊東栄『伊東玄朴伝』玄文社

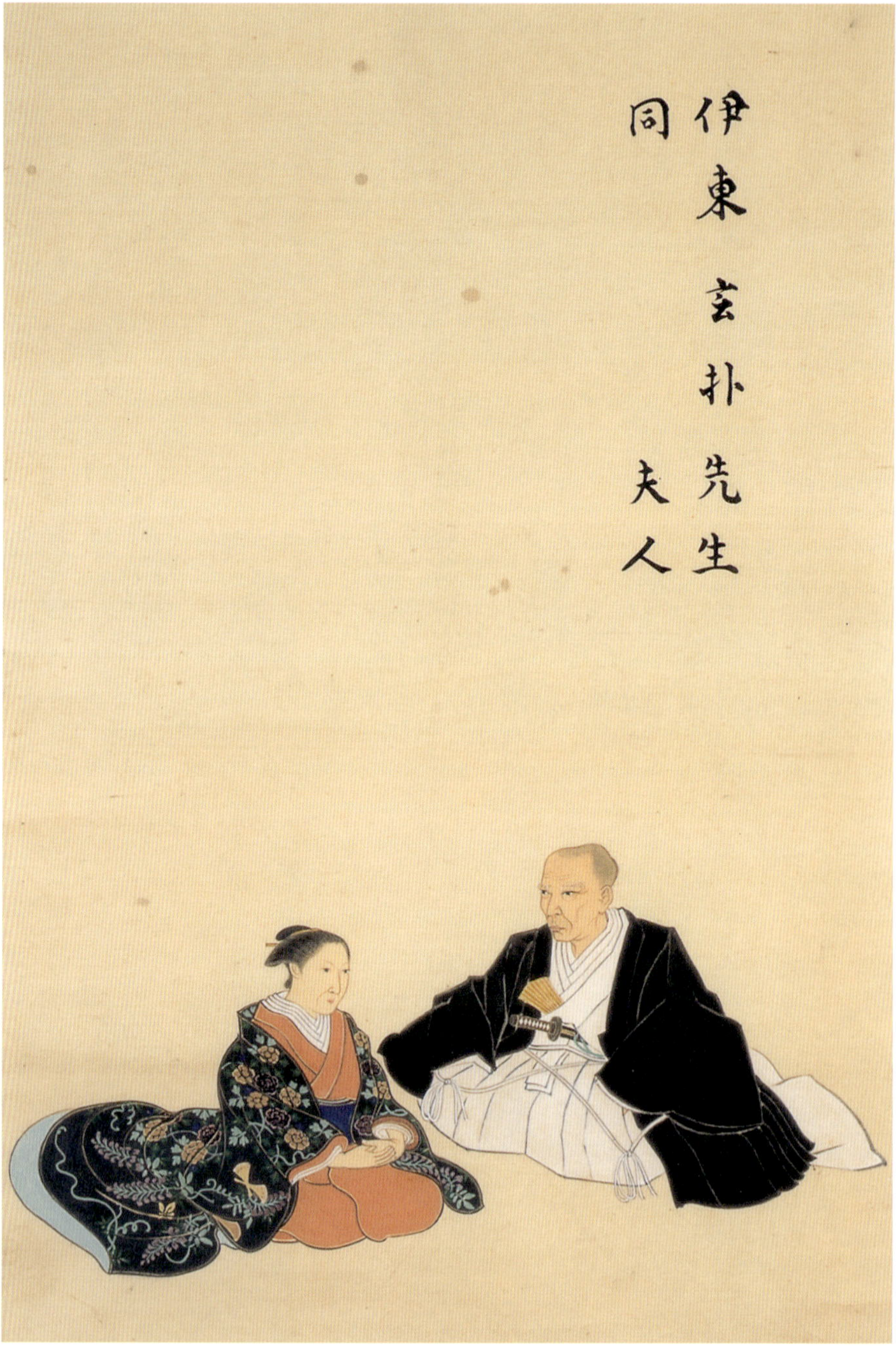

伊東玄朴・照夫妻肖像／武田科学振興財団杏雨書屋蔵

歳で没した。

長女まちは加代ともいい、伊東貫斎の妻となったが、文久元年（一八六一）に三十二歳で死亡した。二女はるは、はじめ玄朴門人御厨玄圭を婿養子として迎えたが、玄圭が万延元年（一八六〇）に病没したため、同じ玄朴の門人である鈴木玄昌（のちの玄伯、方成）を迎えて夫とした。文久二年に二十三歳で没した。三女は遊喜、嘉永四年（一八五一）生まれ、はるが没した後、養嗣子方成の妻となった。

玄朴の弟玄瑞も医学を修め、執行家を出て池田家に養子に入り、古賀喜兵衛の二男常助を養って執行家を継がせた。玄瑞は、佐賀藩士の子洞雲を養嗣子としたが、まもなく病没したため、牟田栄庵を養子として、池田陽雲とした。陽雲の子が池田陽一で、佐賀で病院を開いた。

御厨玄圭は、玄朴の姉かねが嫁いだ御厨清兵衛の二男として文政十二年（一八二九）に生まれた。天保七年（一八三六）に八歳で玄朴の養子となり、のちに玄朴の二女はると結婚した。玄圭は弘化三年（一八四六）に「伊東玄敬」の名で大坂適塾に入門したが、しばしば塾則をやぶり、後見人の坪井信道や玄朴を困惑させたようである。医師として大成する前に、万延元年五月二日に病没した。

伊東貫斎は武蔵国織田家の生まれ、弘化二年に緒方洪庵に入門して長崎に遊学、嘉永六年（一八五三）に玄朴の養子となった。安政二年（一八五五）に紀州公の侍医となり百五十石をうける。安政五年七月六日、将軍家茂の死去に際し、玄朴に引き立てられ奥医師となった。のち、法印に叙せられ遥川院と称す。明治三年

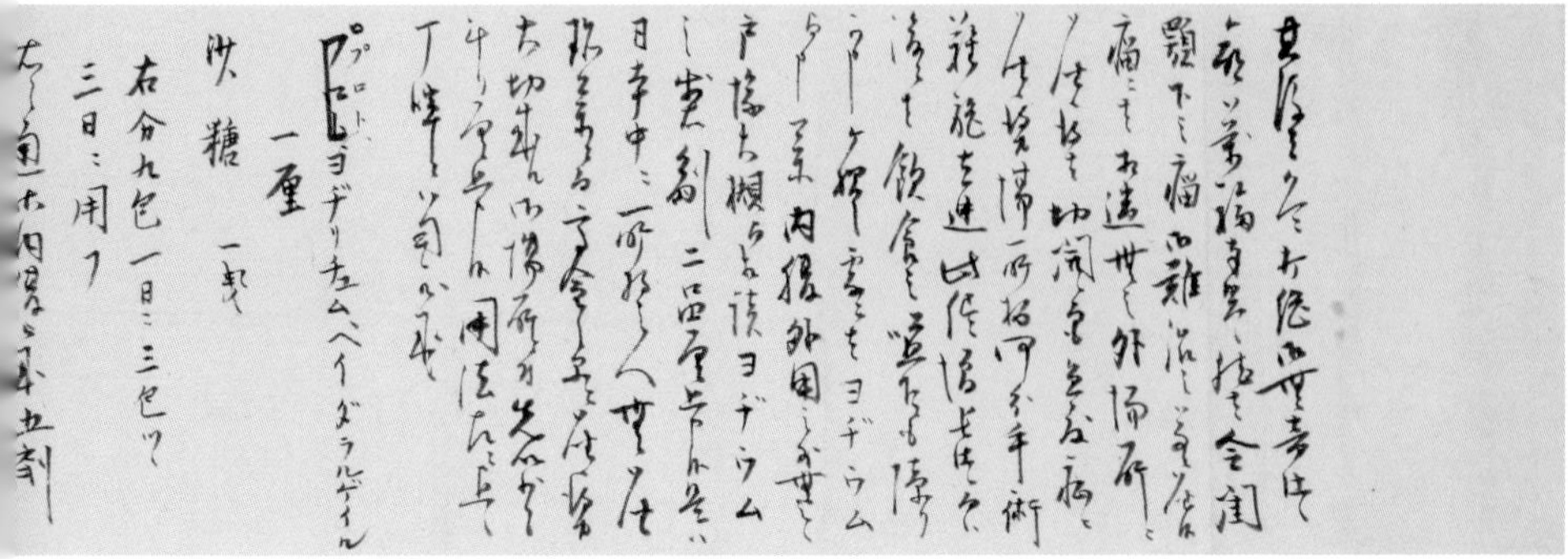

に大典位となり、従五位勲六等に叙せられた。はじめ玄朴長女まち（加代）と結婚したが、まちの死後、幕府奥医師吉田収庵の次女浅と結婚した。明治二十六年七月二十八日死去、享年六十八。

二女はるは門人中の俊才鈴木玄伯を養子に迎えた。玄伯は、相模国出身で鈴木玄尚と称し、阿波藩に仕えていた。文久元年、玄伯は幕命により、医学伝習のため、林研海とともに長崎在住の蘭人ポンペに学び、文久二年六月にオランダへ留学、居ること七年、明治元年帰国。名を方成と改め大学中博士に任ぜらる。玄伯留学中に妻はる病没し、よって玄朴三女遊喜と結婚す。明治三年、再び欧州に遊び、同七年帰朝後、侍医兼宮中顧問官に任ぜられる。明治三十一年五月没、享年六十六。

玄朴には男子が四人いたが、ともに医を継がず、長子哲之助信保（幸之助、幸三）は、門屋幸之助として呉服商、貿易業を営み、次子繁次郎は長じて順之助と改め、漢籍、英学を学び、外務書記官としてワシントンなどに駐在した。末子羊吉のち栄之助、栄は、仏国パリから帰朝後、伊東胡蝶園という化粧品業に従事した。その嗣子謙吉がのち『伊東玄朴伝』を書いた伊東栄である。

伊東玄朴の人となり

松本良順の研究者鈴木要吾氏は、伊東玄朴について、

財に長じて居た男で、その境遇が為した性格でもあったろうが、悪く云へば利

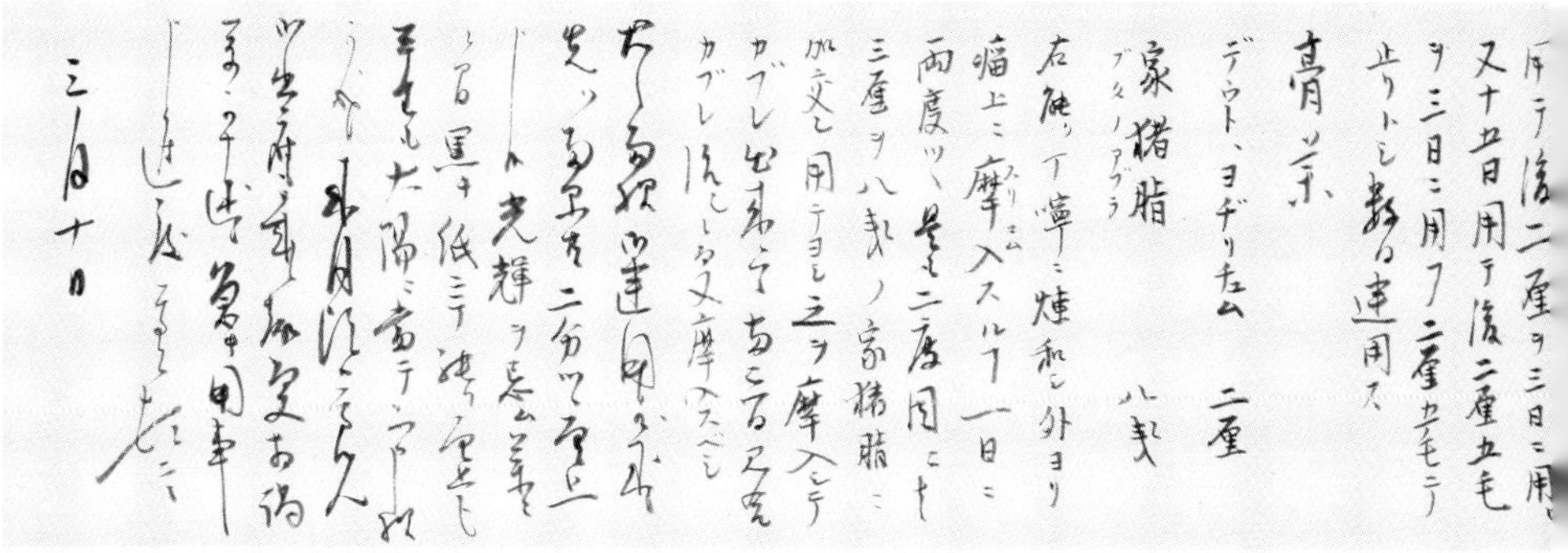

伊東玄朴書簡／早稲田大学図書館蔵

> を先んじ、医を亟《つ》ぐと云う方だった。……（高野長英が）伊東を訪れて、金の融通を申入れた。処が伊東は例の現実主義の気風できっぱりと断った……。大体が数量的の人間で、理路不徹底の処へは、刃を向けられても一文の金も出さぬといふ聞かぬ気があったから、一方面から「守銭奴」の如く嘲られ、また一方面から義理堅い人と云はれて居た。（『蘭学の全盛時代と蘭疇の生涯』）

などと記し、伊東玄朴が医よりも利を先にし、蓄財中心で、友人の高野長英の困窮も無視する「守銭奴」のような人であったと酷評をしている。松本良順もまた玄朴を「ただ営利に汲々たるのみ」（『松本順自伝』）と評し、玄朴は地位を利用してさまざまに良順の妨害をしてきたと述べている。

こうした評価が、真山青果の『玄朴と長英』や司馬遼太郎の『胡蝶の夢』などの作品に投影され、玄朴は高野長英を見捨てたように描かれ、良順を排除しようとして逆に失敗したと書かれている。

こうした評価は的を射ているのだろうか。高野長英の宇和島行きに焦点をあててみよう。長英は、蛮社の獄で入牢させられて六年後の弘化元年（一八四四）に脱獄し、大槻俊斎のもとに立ち寄ったあと、以後、門人や友人にかくまわれて逃亡生活を続けた。江戸に潜伏していた長英に、宇和島藩から誘いがあり、宇和島へ出発したのが、嘉永元年（一八四八）二月二十九日だった。

この宇和島行きについて高野長運『高野長英伝』では、宇和島藩主伊達宗城は、幕府儒者古賀侗庵（弘化四年・一八四七没）を通じて長英を知っており、家臣松

高野長英肖像（椿椿山画）重要文化財／高野長英記念館蔵

根図所を長英門人内田弥太郎のもとへ派遣し、段取りをたてたとしている。

長英研究者に意外と注目されていないのが長英に随行した人物で、彼は宇和島藩医富沢礼中といい、伊東玄朴門人である。

玄朴は、弘化四年（一八四七）に宇和島前藩主娘正姫に人痘種痘を施し成功させていた。藩主宗城は感激し、玄朴の手際のよさを激賞するとともに、富沢礼中に種痘術を覚えさせて領内に普及させたいと述べているほどで（66頁）、宇和島藩領内へは蘭学者伊東玄朴の名声は鳴り響いていた。長英の宇和島行きの変名が伊東瑞渓であるのも、因縁を感じさせる。

牛痘が伝播するまで、本来ならば礼中は象先堂に留まる予定だったのだろうが、長英の宇和島行きが勃発したため、急遽長英に随行したのである。だから、玄朴は、嘉永二年十月に江戸に牛痘が伝播するとすぐに同年末には、修業途中で帰国した礼中に宛てて、牛痘種痘法のやり方を詳しく書いた手紙と、牛痘と牛痘針、牛痘書を送ったのである。その結果、礼中は宇和島藩における牛痘種痘の鼻祖となった。

以上から、玄朴は、門人礼中が長英に随行して宇和島へ帰国した経緯は当然知っていたし、脱獄以後の動静も、弟のように信頼している大槻俊斎からも聞いていただろう。さらにいえば、宇和島藩主と玄朴の信頼関係からみて、宇和島藩へ長英を紹介した庇護グループの人脈のなかに玄朴が加わっていたことは想像に難くない。玄朴は長英を見捨ててはいなかったのである。

長英は、その後宇和島で兵書を翻訳し、一年後に宇和島を去り、鹿児島や大坂、名古屋を経て、再び江戸へ入り、嘉永三年（一八五〇）十月に、潜伏地を幕吏に襲われ、四十七歳の生涯を終えた。

良順との確執は事実である。ただ良順のいうように、玄朴は営利に汲々たるのみでは決してなかった。玄朴は、大槻磐渓に無利息で五十両を貸してあげ、箕作阮甫の窮状を翻訳業という道を開いて救ったことからもわかるように、友人の窮地を救う義理堅い、しかし理屈の通らない処へはお金を出さない合理的な思考の持ち主であった。

玄朴は、漢方医からの激しい圧迫や幕府役人の無理解に対抗し、蘭方医を公的な地位に押し上げるために懸命に格闘するなかで、経済的利益を追求しないと役人は動かないことを体得し、また西洋医学だけでなく、時勢の求める軍事科学的蘭学を許容することで、政権の中枢に入り、蘭学を発展させてきた。

それに対し、長崎でポンペからすでに体系化された西洋医学の本流を学んできた良順は、医学所において、兵書翻訳などを排除し専門的な西洋医学を学ばせようとして、玄朴の手法を旧弊とみて対立したのであり、いわば蘭学の第一世代の玄朴と第二世代の良順との確執であった。

玄朴のめざすところは、種痘をはじめ、よりよい医療を人々に届けたい、そのためには技量の高い西洋医学の医師を養成したいという思いで、蘭方医のネットワークをつくり、その拠点としての私設お玉ヶ池種痘所を設立し、それを官営の西洋医学所という教育機関に発展させていった。

だから、玄朴が重病に陥ったとき、坪井信良ら蘭方医一同が、玄朴を失ったら世のため道のために大変な損失になるとその健康回復を心から願ったのである。

明治期に軍医総監を続けた石黒忠悳《いしぐろただのり》が、西洋医学が発達して今日の進歩を見るまでにはこの方面に貢献した人も少くありませんが、私はこの伊東玄朴氏を第一の功労者とみております（『懐旧九十年』）と、時の官学たる漢方医の抵抗をはねのけ、西洋内科医が官医への道を拓き、医学校を建てた努力は驚嘆に値する、事業家であったと評価しているのが、玄朴への公正な評価といえよう。

伊東玄朴は、学問の力で農民から将軍家奥医師になった点で江戸時代の身分制度を実質的に超え、漢方医に抗して蘭方医学を公的に幕府に認めさせ、お玉ヶ池種痘所を設置し、官営にしたことにより、国家が住民医療に責任をもつ我が国近代医学の発展に直接つながるものとなった。そうした意味で、玄朴はまぎれもなく我が国近代医学の開拓者であり先駆者の一人であった。

伊東玄朴書七言絶句　夾道人家水竹間。馬頭山色画応難。天公故自開雲幕。乞与蓮峰仔細看。戊辰閏月七十叟冲斎書。／神埼市教育委員会蔵

あとがき

伊東玄朴については、名著『伊東玄朴伝』がすでにあり、しかも同書口絵写真に掲載されている玄朴関係史料は、ほとんど散逸しており現存していない。しかし、『伊東玄朴伝』刊行以後の研究の進展は、新たな伊東玄朴像を描くことを可能にした。蘭方医玄朴は実にすぐれた師匠や庇護者に恵まれていた。島本良順は大坂で中環（緒方洪庵の師）や橋本宗吉（我が国電気学の祖）と並ぶ蘭方の名医だった。幕府儒者古賀侗庵は玄朴を蘭学の開拓者と讃え、その最期を托した。鍋島直正は、農民出身の玄朴を侍医にし、諸大名の診療にもあたらせた。直正の蘭学への厚い信頼の背景に、玄朴の高い蘭方医療技術があった。

玄朴は、医療技術を秘伝的に独占するのではなく、江戸の三大蘭方医といわれた坪井信道や戸塚静海らと共同で診察をし、外科手術や牛痘種法を門人や友人らに公開し、研鑽しあいながら、蘭方医学を普及させていった。人的ネットワークを大切にし、お玉ヶ池種痘所を八十三人もの蘭方医グループで設立し、私設から官営へ、さらに西洋医学所という教育機関に発展する礎を築いたのも玄朴だった。

鍋島直正生誕二百周年という記念すべき年に本書を上梓できたことは、筆者の喜びであり、史料所蔵者ほか関係各位、友人たちに心より感謝する。

平成二十六年十月

青木歳幸

西田元貞	駿州富士郡
賀古朴庵	伊予宇和島藩
海老名秀輔	佐渡羽茂郡西方郷
黒田行次郎	江州膳所
榊原寿衛吉	美作津山藩
戸塚玄斎	駿州府中
河口杏斎	下総古河藩
川俣玄玠	烏山藩
吉原鋭吉	丹州福知山藩
中西仲英	肥前武陵
伊藤貞斎	美濃柳津
飯島弘道	上野勢多郡荒子村
金谷惇悦	下総古河藩
橋本玄広	仙台藩
山川正朔	備前岡山藩
河野篤之進	長州
小島俊禎	讃州高松
木戸朴斎	丹後
矢野文吉	宇和島藩
中山啓二郎	作州津山藩
原田敬策	備中大島
安武元凱	長州
山岡見龍	筑前福岡
益城良甫	江戸
天野玄同	駿州藤枝
石井為之丞	備中又串
下間良弼	芸州広島
高松春民	丹波氷上郡加茂荘
山根敬蔵	長州
伊東玄郁	江戸
松本文哉	宇和島藩
布三省	宇和島藩
山本英庵	内藤摂津守藩(挙母藩)
松枝春卿	尾州名古屋
岩城宗元	松平備後守内
八木元悦	薩州藩
窪田善之助	備前藩
柳見山	江戸
北島三益	遠州袋井
小林鉄次郎	江戸
内藤信斎	牧野備前守藩
林雲渓	土井能登守藩
神田三省	武州川越
小野廉平	備中長尾
藤沢亨斎	佐渡羽茂本郷
設楽莞爾	江戸三筋町与力
松岡良悦	越後松岡
伊藤増之丞	大垣藩
吉田拙蔵	土井能登守藩
田中玄清	薩州藩
原玄誠	駿州
桑原誠斎	越後長岡在
堀江鍬次郎	勢州津藩
国府彰斎	備中井出
瀬川	永井遠江守藩
岡崎秀禎	備前岡山
鈴木雄蔵	備前
武田休達	出羽庄内
肥田浜五郎	豆州韮山
神田孝平	竹中図書助内
小寺常之助	大垣藩
杉浦環	松前伊豆守藩
早田貞幹	宇和島藩
平野俊平	備前岡山藩
石井道平	芸州
横山恭哉	雲州
望月玄岱	駿州岩淵村
山本文孝	相州高座郡溝村
橋本玄庭	備中岡田
千々岩了庵	肥前蓮池藩
安井房次郎	紀州田辺藩
岩橋房之助	紀州田辺藩
進藤泉	出羽庄内藩
木川田洞水	
田宮秀伯	紀伊田辺藩
島本良順	肥前佐賀
北沢有中	奥州八戸藩
田邨塊庵	長州須佐村
加藤文進	越前鯖江藩
津田春耕	肥前佐賀藩
酒井泰造	越後水原
安藤源三郎	江戸
白井小輔	長州萩
高柳楠之助	紀州田辺藩
下方已吉	紀州田辺藩
鈴木升哲	出羽秋田藩
岡橋賢道	肥前多久
中村貞蔵	丹後宮津藩
大庭常之進	長州
進藤道一	出羽庄内藩
深江謙三	肥前多久
横田啓蔵	参州西尾藩
高橋五郎	紀州藩
坂井篤礼	羽州庄内酒田
千葉玄甫	上州沢渡
水町三省	肥前佐賀藩
倉島良碩	川越
大友善卿	水戸
高山周徳	池田昇丸内
坂野玄秀	仙台水沢
中野雲桂	肥前佐賀藩
崎山立節	紀州田辺藩
渋谷孝治	佐州雑太郡相川
藤田敬道	紀州田辺藩
鈴木省斎	佐渡夷町
安達尚徳	伊豆三島
渡辺只介	下総佐倉藩
山崎良鶴	越州府中
武田元順	三州宝飯郡森村
落合十次郎	東武
藤井宗仙	備前岡山
佐々木元亨	奥州津軽藩
藤井玄洋	筑前那珂郡
目沢融徳	南部盛岡藩
藤井信卿	下総香取郡大須賀村
山口玄友	武州小駒木野
崎山玄徳	紀州田辺藩
宮崎元道	水戸
中沢春斎	下総古河藩
山下玄敬	房州山下村
門倉又一	相州鎌倉郡名瀬村
梶原清基	讃州高松藩
香田文哉	肥前小城藩
深瀬仲麿	紀州新宮藩
白瀬長琢	佐州加茂郡
島崎坦斎	甲州道中上野原駅
植松元貞	駿州岡宮
高畠耕益	阿州藩
横山見純	石州津和野
菅雄斎	阿州藩
長屋春郷	濃州大垣在
加藤玄嶺	生駒徳太郎内
伊東常次郎	遠藤但馬守内
中目良伯	仙台藩
速川礼二	三州額田郡上地村
小野宅右衛門	肥前小城藩
武田礼甫	阿州徳島藩
多賀荘碩	阿州徳島藩
大鈴駅治	越前鯖江藩
是川宗順	奥州盛岡
小田凉亭	豊後
鈴木道順	武州川越藩
宮崎元立	肥前小城藩
瀧口永甫	丹後田辺藩
森本信庵	下総古河
村田文蔵	長州藩
菅原深斎	出羽庄内藩
島田玄栄	弘前藩
成田春雄	阿州藩
鈴木琢蔵	奥州福島
根本海蔵	三州挙母藩
大瀧泉斎	庄内藩
長岡東園	奥州盛岡
佐々木長貞	羽州矢島
吉田研造	丹後田辺藩
伊東玄碩	江戸浅草
尾崎道倫	仙台涌谷
岡松敬甫	肥後熊本
杉田泰純	武州鎌形
杉村省三	奥州松前
品川西海	紀州田辺藩
真野哲蔵	長崎
安芸高麗太郎	三州挙母藩
佐郷谷仲琢	奥州盛岡
石坂玄竉	越後小千谷
岩間玄仙	奥州盛岡
奥村裕斎	丹後田辺藩
風間澹斎	越後長岡
小川道一	豊後府内藩
市川牧衛	羽州米沢
板倉元順	武州蕨宿
菊池玄民	奥州盛岡
小幡玄厚	北豊中津藩
榎本玄瑞	東武
西道庵	肥後人吉
小林謇斎	野州芦野芦野釆女助内
五十嵐昇徳	羽州米沢藩
大久保貞斎	越後新発田藩
三浦省軒	奥州福島藩
栗本節安	出羽庄内酒井左衛門尉藩
杉江貞馬	芸州浅野右近藩
高木恭斎	江州三上遠藤但馬守藩
横山済民	下総古河藩
栗本道意	出羽庄内酒井左衛門尉藩
山口秀斎	相州秦野
此井誠斎	勢州桑名藩
佐藤有隣	羽州米沢
前沢龍亭	野州宇都宮
松浦救意	羽州最上藩
武田良祐	羽州天童藩
稲垣真斎	青山百人町
内浪益太郎	武州高麗郡岩沢
村岡純一	信州高島藩
梶川銀次郎	松平安芸守藩
渋谷玄雄	江州三上遠藤但馬守藩
田上宗碩	羽州秋田藩
河島近也	丹州宮津藩
丸山良順	信州上田藩
小野圭庵	奥州津軽弘前医官

象先堂門人姓名録（計 406 名）

上村春庵	肥前佐賀藩
泉玄道	浅草福井町
望月久庵	武州川越藩
益城良済	筑後柳川藩
佐藤然僕	下谷六軒町
長谷川玄英	長州船木
森泰庵	奥州八戸藩
光井道沢	尾張名古屋
今野良益	奥州松山
久保茅	讃岐高松藩
山口民蔵	奥州仙台
梶原官介	讃岐高松藩
福間長安	肥後熊本藩
江沢昌悦	上州関宿藩
畑道意	上野前田藩
大石良英	肥前佐賀藩
杉浦公平	三河生田村
山口玄安	陸奥仙台
安藤桂洲	伊勢
小山良益	肥前神埼
宮崎玄意	出羽米沢藩
小原民卿	南部花巻
千葉寿安	仙台藤沢
島根文造	武州大沢
高松譲庵	武州岡部藩
松島元斎	出羽庄内藩
朝見桂順	奥州白河藩
金井松庵	常州水戸藩
堤柳翠	肥前小城
石井東円	安房
佐郷谷玄貞	奥州盛岡
小林良桂	奥州山目
軽部宗信	常陸土浦
井出口玄庵	筑後柳川藩
佐藤幸蔵	尾張
伊藤玄民	下野烏山藩
高松貞純	出羽
仁保春庵	越後脇野町
田中杉渓	備後福山
宮崎元益	肥前小城
志田文庵	肥州武雄
大沢玄豆	牧野八大夫内
田中純碩	因州鳥取藩
西村隆庵	仙台
坂本道逸	仙台
柳井世民	長州府中
須田玄礼	豊前小倉
古河玄節	肥前佐賀
志津田元昌	肥州佐賀
水町玄道	肥前小城
石川竹吉	上総
片岡如軒	讃岐高松藩
秋山佐蔵	武州八王子
渋谷桂斎	武州八王子
伊東宗準	伊勢津藩
半井玄冲	越前福井藩
飯塚寛造	越前丸岡藩
松下良斎	駿州吉原駅
酒井永八郎	松前藩
南了淳	奥州津軽青森
小笠原静斎	奥州盛岡
小川泰良	戸田大学内
久米良泰	肥前佐賀
村松鑑次郎	若狭小浜藩
山村良哲	肥前佐賀
徳岡左門	播州酒見北条
河野又玄	出羽米沢
室岡徳融	陸奥盛岡藩
岡口等	肥前平戸藩
高井玄順	美濃加納藩
近藤秀伯	豊後杵築藩
河内蘭斎	越後三島脇坊
萩原孝庵	武州蕨駅
後藤謙造	信州新野駅
織田玄信	武蔵府中
水村長民	武州板橋駅
三戸玄庵	防州高森駅
村越宗順	大和芝村藩
藤井準佐	安芸広島
小川宗運	武州新座郡上新食村
村尾多聞	遠州浜松
青木研蔵	長州萩藩
織田研斎	武州府中
秋本玄芝	防州三田尻
奥川文郁	肥州武雄
後藤又次郎	肥州佐賀藩
池田多仲	石見津和野
野中玄英	上総九十九里村
三浦玄僊	奥州盛岡
小林誊斎	下野芦野
千葉山庵	仙台
東条英庵	長門萩
押尾元達	上総武射郡大堤村
北条栄順	奥州伊達郡桑折
三山敬庵	対馬藩
村田有山	肥州小城
池田耕亭	防州徳山藩
沢村玄哉	讃岐高松
香山文石	信濃上田藩
上田耕斎	大坂
柴田昇蔵	佐渡宿根木浦
田上周道	下総結城藩
高宗栄倫	肥州佐賀
是川宗真	奥州盛岡
渡瀬長垣	肥州佐賀
浜野錬蔵	摂州平野
木邑貞蔵	河内新堂村
桂川甫績	田安殿医師
池田洞雲	肥州佐賀藩
上村周聘	肥前佐賀藩
山田愛之助	越後長岡藩
竹越元英	東都金吹町
永松蕙橘	肥前佐賀藩
山木立格	佐渡恵比須町
戸田文廸	出羽米沢
富沢礼中	伊予宇和島藩
小山玄信	紀伊田辺藩
山田春二	周防戸田
荘田隆民	伊豆
浅川順之	筑後柳川
瀧川有斎	大和郡山
鈴木謙太郎	水戸
神代玄哲	肥州小城
池田準策	防州徳山藩
大川小膳	下野佐野
結解松亭	常州笠間藩
三輪欽哉	長崎
岩崎玄貞	武州秩父郡下吉田町
鈴木玄岱	武蔵府中
土屋得所	越前鯖江藩
藤田弘庵	加賀
田原玄周	長州萩藩
飯田春英	下総海上郡
神田春渓	美濃岩手
杉谷雍助	肥州佐賀藩
山本有中	伊予大洲藩
岩井滇安	越前敦賀藩
田上宇平太	長州萩藩
島本謙亮	肥前佐賀
斎藤玄周	肥前小城
田中安兵衛	伊予宇和島藩
幸丸健林	筑後柳川藩
玉井清哉	讃州高松藩
谷口泰元	伊予宇和島藩
鈴木玄昌	相州高座郡溝村
服部淡斎	伊勢安保
石井中貞	肥前武雄
山岸桂介	京師
村田玄孝	長門長府
植木春汀	丹後田辺藩
青木玄礼	武州多摩郡相原村
芳川隆節	伊予宇和島藩
砂沢杏雲	伊予宇和島藩
西川方策	豊後府内藩
松沢玄折	伊予宇和島藩
益子健民	筑後柳川藩
中村省隣	出羽秋田藩
来島謙介	讃州高松領那珂郡三条村
甲能研海	長崎
森村助次郎	下総佐倉藩
城島禎庵	肥州佐賀藩
小島周禎	相州三増
沼城道寿	奥州仙台
久池井辰吉	西肥武雄
大竹俊泰	内藤山城守藩（挙母藩）
大友文斎	奥州松前藩
島田東洋	西肥栄城藩
藤田良育	防州都濃郡香力
大浦一郎	肥前大村藩
古賀央介	長崎
永坂順二	尾州名古屋鉄砲塚町
原称南	肥前佐賀
山口元逸	肥前多久
鶴蔵六	肥前多久
高木元仲	肥前佐賀藩
阿部松庵	武州登戸
菅沼幾太郎	牧野備前守藩
阪元道謙	奥州仙台
大宅弥一郎	肥州武陵
高畠五郎	阿州徳島藩
宮田魯斎	肥前佐賀藩
井出又太郎	阿州美馬郡貞光村
鈴木元友	薩州
荻野広斎	丹後田辺
安藤玄瑞	戸田大学頭内
谷快堂	伊予宇和島藩
武田斐三郎	伊予大洲藩
尾形良益	肥前多久
吉見元鼎	下総豊田郡水海道
浅田文逸	肥前佐賀藩
山田純吉	尾州琵琶島
毛利耕蔵	相州三増
岡田襄平	讃州
石動貫吾	肥前小城
飯田春英	下総海上郡
香山杏林	信州上田藩
津田真一郎	作州津山藩
小森豊寿	出羽村山郡
松木弘安	薩州鹿児島藩
橋本拙斎	勢州安濃津
浅野玄同	備中
菅井玄亮	出羽最上
浅野洞庵	伊予宇和島藩
大島惣左衛門	陸奥南部藩
幡野琳斎	甲州道中鳥沢駅袴着村
菅井玄亮	出羽最上
古城玄達	豊後国東郡岐部

伊東玄朴関連略年譜

(西暦)	(和暦)	(年齢)	(事項)
1800	寛政12	**1**	12.28仁比山村に執行重助の子として生まれる。幼名執行勘造。
1807	文化4	**8**	弟玄瑞生まれる。
1812	文化9	**13**	不動院玄透法印について学ぶ。10.10のちの妻猪俣照生まれる。
1815	文化12	**16**	漢方医古川左庵について医術を学ぶ, 名を桃林と改める。
1818	文政1	**19**	11月, 父執行重助没す, 享年52歳。桃林は自宅に帰り医業を開く。
1822	文政5	**23**	佐賀蘭医島本良順に学ぶ。数ヶ月で長崎オランダ通詞猪俣家に学ぶ。
1823	文政6	**24**	シーボルト来日, 翌年鳴滝塾で教授開始。玄朴, 通学して学ぶ。
1826	文政9	**27**	シーボルト江戸参府（6.3長崎帰着）。玄朴も猪俣夫婦らと江戸に出る。4.12猪俣伝次右衛門没す。
1827	文政10	**28**	春頃, シーボルト宛封書（地図）を猪俣源三郎より預かり, 長崎へ向かう。
1828	文政11	**29**	江戸番場町に住し医業を開く。猪俣源三郎の妹照と結婚す。秋にシーボルト事件発覚。
1829	文政12	**30**	佐賀藩伊東仁兵衛弟伊東玄朴と改名。下谷長者町に転居す。9.11猪俣源三郎没。
1830	天保1	**31**	長女まち誕生。3月, シーボルト事件判決下る。4.24手習師匠古川左庵没。
1831	天保2	**32**	佐賀藩医となり, 七人扶持一代士となる。
1833	天保4	**34**	玄朴, 下谷和泉橋通御徒町で象先堂を開塾する。
1834	天保5	**35**	医学寮設立。先師島本良順, 寮監となる。10.21開講。
1835	天保6	**36**	『医療正始』初篇三冊を刊行する。
1836	天保7	**37**	御厨玄圭を養子にする。小城藩医堤柳翠, 象先堂に入門。古賀穀堂没す。
1839	天保10	**40**	9.7金武良哲, 象先堂に入門し,『江戸日記』を書く。蛮社の獄で高野長英入獄。
1840	天保11	**41**	二女はる生まれる。7.21象先堂でブリュメンバックの会読会あり。
1841	天保12	**42**	人痘を大槻磐渓長女に接種して成功する。10.11渡辺崋山自殺。
1843	天保14	**44**	蘭書を翻訳して藩主に献上する。12.14佐賀藩主御匙医となる。
1844	弘化1	**45**	鷹見泉石から診察代やワイン代受領する。門人大石良英, 直正側医となる。
1845	弘化2	**46**	藩主娘貢姫の療養方となる。玄朴が跋文を書いた堀内忠寛『幼々精義』出版す。
1847	弘化4	**48**	2.7前宇和島藩主の娘正姫への人痘種痘に成功する。佐賀藩主姫君のお付き医師となる。
1848	嘉永1	**49**	大槻磐渓の二女と二男に人痘を接種す。坪井信道没す。
1849	嘉永2	**50**	6.23牛痘苗伝来, 6.26楢林宗建子善感する。8.7楢林宗建, 佐賀城下で藩医子らに種痘す。10.2江戸へ牛痘苗到来し, 11月玄朴, 貢姫へ接種し成功する。幕府, 奥医師に外科・眼科以外の蘭方を禁ず。
1850	嘉永3	**51**	玄朴・杉谷雍助ら訳『鉄熕全書』成る。
1851	嘉永4	**52**	1.28三女遊喜生まれる。佐賀藩, 医業免札制度を開始する。
1853	嘉永6	**54**	織田貫斎, 長女まちと結婚。
1855	安政2	**56**	1月, 玄朴危篤になるも3月までには全快。貫斎, 紀州藩寄合医師となす。
1857	安政4	**58**	8.15大槻俊斎宅にて種痘所設立の儀の願書を, 川路聖謨を申請人として提出。
1858	安政5	**59**	1月, 種痘所取建許可され, 5.7神田お玉ケ池に開設す。7.3幕府奥医師となる。幕府, 蘭方の禁を解く。7.6将軍家定死す。
1859	安政6	**60**	9.21養子玄圭, 初お目見え。種痘所, 前年の火災後下谷和泉橋に再建される。
1860	万延1	**61**	5.2養子玄圭没す。10.14大槻俊斎が種痘所頭取となり, 同日幕府直営となる。
1861	文久1	**62**	5.8新薬製造の儀を建言す。6月, クロロフォルムを麻酔剤に使用して右足切断手術に成功する。10月, 種痘所を西洋医学所と改称。10.27養子玄伯, 林研海とともに長崎でポンペに就学。12月, 玄朴, 法印に叙され, 長春院と称す。
1862	文久2	**63**	西洋医学所頭取大槻俊斎死す。8.21緒方洪庵西洋医学所頭取となる。
1863	文久3	**64**	1.25奥御医師を免ぜられ, 小普請入を命ぜられる。
1865	慶応1	**66**	戊辰戦争で横浜に転住する。
1868	明治1	**69**	2.17隠居, 養子玄伯に家督相続する。
1871	明治4	**72**	1.2玄朴死去。谷中天龍院に葬られる。

伊東玄朴参考文献

大槻文彦『磐翁年譜』, 1884 年
日本医史学会「江戸種痘所始末」,『中外医事新報』388 号, 1896 年
呉秀三『箕作阮甫』, 大日本図書, 1914 年（のち思文閣出版から再刊）
伊東栄『伊東玄朴伝』, 元文社, 1916 年（のち八潮書店から再刊）
高野長運『高野長英伝』, 史誌出版社, 1928 年（のち岩波書店などから再刊）
石黒忠悳『懐旧九十年』, 博文館, 1936 年（のち岩波文庫などから再刊）
山﨑佐「お玉ヶ池種痘所」,『日本医史学雑誌』1332 号, 日本医史学会, 1944 年
小沢清躬『蘭学者川本幸民伝』, 川本幸民顕彰会, 1948 年
田中助一『防長医学史』上巻, 防長医学史刊行後援会, 1951 年
渡辺庫輔『崎陽論攷』, 親和銀行済美会, 1964 年
青木一郎『年譜でみる坪井信道の生涯』, 杏林温故会, 1971 年
野間光辰他編『森銑三著作集』第 5 巻人物篇 5, 中央公論社, 1971 年
富士川游『日本医学史 決定版』, 形成社, 1972 年
古賀十二郎『西洋医術伝来史』, 形成社, 1972 年
青木一郎編著『坪井信道詩文及書翰集』, 岐阜県医師会, 1975 年
緒方富雄『緒方洪庵伝』, 増補版, 岩波書店, 1977 年
蘭学資料研究会編『箕作阮甫の研究』, 思文閣出版, 1978 年
坪井信良『幕末維新風雲通信 ── 蘭医坪井信良家兄宛書翰集』, 東京大学出版会, 1978 年
京都府医師会編『京都の医学史』, 思文閣出版, 1980 年
小川鼎三・酒井シヅ校注『松本順自伝・長与専斎自伝』, 平凡社, 1980 年
『順天堂史』上巻, 順天堂, 1980 年
添川正夫『日本痘苗史序説』, 近代出版, 1987 年
杉本勲編『近代西洋文明との出会い ── 黎明期の西南雄藩』, 思文閣出版, 1989 年
大槻磐渓「寧静閣集」,『詩集日本漢詩』第 17 巻, 汲古書院, 1989 年
北条元一『米沢藩医史私撰』, 米沢市医師会, 1992 年
山本亨介『種痘医小山肆成の生涯』, 時事通信社, 1994 年
堀内亮一『堀内素堂 ── 伝記・堀内素堂』, 大空社, 1994 年
田中圭一編注『柴田収蔵日記 ── 村の洋学者』１・２, 平凡社東洋文庫, 1996 年
青木歳幸『在村蘭学の研究』, 思文閣出版, 1998 年
小田泰子『種痘法に見る医の倫理』, 東北大学出版会, 1999 年
古河歴史博物館編『鷹見泉石日記』第 2 巻, 吉川弘文館, 2001 年
上村直己『明治期ドイツ語学者の研究』, 多賀出版, 2001 年
深瀬泰旦『天然痘根絶史 ── 近代医学勃興期の人びと』, 思文閣出版, 2002 年
大島英介『大槻磐渓の世界 ── 昨夢詩情のこころ』, 宝文堂, 2004 年
第九回企画展『大槻磐渓 ── 東北を動かした右文左武の人』, 一関市博物館, 2004 年
磯崎康彦『江戸時代の蘭画と蘭書 ── 近代日蘭比較美術史』下巻, ゆまに書房, 2005 年
富田英壽『種痘の祖緒方春朔』, 西日本新聞社, 2005 年
上村直己「藤山治一とメッケル将軍」『九州の日独文化交流人物誌』, 熊本大学, 2005 年
深瀬泰旦『わが国はじめての牛痘種痘 楢林宗建』, 出門堂, 2006 年
新村拓編『日本医療史』, 吉川弘文館, 2006 年
『壬生の医療文化史 ── 先駆者の医術を訪ねて』, 壬生町立歴史民俗資料館, 2007 年
池田文書研究会編『東大医学部初代綜理池田謙斎 池田文書の研究』上下, 思文閣出版, 2006-07 年
W. ミヒェル・鳥井裕美子・川嶌眞人共編『九州の蘭学 ── 越境と交流』, 思文閣出版, 2009 年
青木歳幸編『小城の医学と地域医療 ── 病をいやす』, 佐賀大学地域学歴史文化研究センター, 2011 年
深瀬泰旦『伊東玄朴とお玉ヶ池種痘所』, 出門堂, 2012 年
青木歳幸『江戸時代の医学 ── 名医たちの三〇〇年』, 吉川弘文館, 2012 年
アン・ジャネッタ『種痘伝来 ── 日本の〈開国〉と知の国際ネットワーク』, 岩波書店, 2013 年

伊東玄朴関連史跡

伊東玄朴旧宅
伊東玄朴が20歳のときに建てたとされる居宅。佐賀県史跡に指定され，保存公開されている。
神埼市神埼町的1675
TEL 0952-44-2731（神埼市教育委員会社会教育課）

伊東玄朴像
昭和46年に神埼市役所の敷地内に建立された。
神埼市神埼町神埼410
TEL 0952-52-1111

伊東玄朴像
生誕200年を記念して平成13年に伊東玄朴旧宅の傍らに建立された。
神埼市神埼町的1675
TEL 0952-44-2731（神埼市教育委員会社会教育課）

願正寺
大石良英の墓所。顕彰碑が建立され「種痘之図」のレリーフが刻されている。
佐賀市呉服元町6-5
TEL 0952-23-4001

光蔵寺
若き伊東玄朴が入門した医師・古川左庵の墓がある。
神埼市神埼町的1255
TEL 0952-53-1829

佐賀城本丸歴史館
佐賀城の復元建物と，幕末明治期の佐賀藩に関わる歴史資料を展示。伊東玄朴をはじめ洋学に関わる展示が常設されている。
佐賀市城内2-18-1
TEL 0952-41-7550

専福寺
伊東玄朴が師事した島本良順の墓がある。
佐賀市柳町3-13
TEL 0952-24-8925

仁比山地蔵院
天平元年（729）の建立といわれる。伊東玄朴が13歳のころ読み書きを習った。
神埼市神埼町的1688
TEL 0952-52-4355

鳴滝塾跡
文政7年にシーボルトが開いた医塾。シーボルト記念館に隣接し，銅像が建てられている。
長崎市鳴滝2-7-40
TEL 095-823-0707（シーボルト記念館）

お玉ケ池種痘所跡
伊東玄朴を中心に，牛痘接種法の江戸での普及のため，安政5年に蘭方医たちが設置した種痘所の跡。
千代田区岩本町2丁目

象先堂跡
伊東玄朴の住居と医塾・象先堂の跡。台東区により「伊東玄朴居宅跡・種痘所跡」と表示されている。
台東区台東1-30

天龍院
伊東玄朴は明治4年に没し，この寺に葬られ墓が建てられた。都指定旧跡。
台東区谷中4-4-33
TEL 03-3821-3857

青木蔵幸（あおき・としゆき）
1948年, 長野県生まれ。
1971年, 信州大学人文学部卒業。
博士（歴史学）。現在, 佐賀大学地域学歴史文化研究センター特命教授, 日本医史学会評議員, 洋学史学会会長。
編著書：
『江戸時代の医学——名医たちの三〇〇年』（吉川弘文館）
『上田藩』（現代書館）
『小城の医学と地域医療——病をいやす』（佐賀大学地域学歴史文化研究センター）
『「小城藩日記」にみる近世佐賀医学・洋学史料』（共編・佐賀大学地域学歴史文化研究センター）
『日本医療史』（共著・吉川弘文館）
『地域蘭学の総合的研究』（共著・国立歴史民俗博物館）
『在村蘭学の研究』（思文閣出版）

佐賀偉人伝13《さがいじんでん13》
伊東玄朴《いとうげんぼく》

2014年　11月10日　初版印刷
2014年　11月20日　初版発行

著　者　青木蔵幸《あおきとしゆき》
発行者　七田忠昭
発行所　佐賀県立佐賀城本丸歴史館《さがけんりつさがじょうほんまるれきしかん》
佐賀県佐賀市城内2-18-1　〒840-0041
電話 0952-41-7550
FAX 0952-28-0220
装　丁　荒木博申（佐賀大学）
編集協力　和田夏生（工房＊アステリスク）
印　刷　福博印刷株式会社
歴史資料の収録にあたり、一部に不適切と考えられる表現の記載もありますが、その史料的な価値に鑑み、そのまま掲載しました
ISBN978-4-905172-12-3　C3347

佐賀偉人伝 既刊 2014年11月現在

A5判・112頁・本体価格952円+税

電子書籍同時発刊
価格：800円（税込）
対応端末：PC, iPhone, iPad, Android, Tablet
電子書籍のご購入方法は、「佐賀偉人伝」ホームページ
（http://sagajou.jp/sagaijinden/）をご覧ください。

シリーズイメージ

佐賀偉人伝01　ISBN978-4-905172-00-0

鍋島直正　杉谷　昭 著

佐賀藩が近代化を進めるにあたって強力なリーダーシップを発揮したのが第10代藩主・鍋島直正です。鍋島直正が推進した“抜本的な改革”と“驚くべき挑戦”、さらに、刻々と変化する幕末の政治状況下における決断と動向にも迫ります。

佐賀偉人伝02　ISBN978-4-905172-01-7

大隈重信　島　善髙 著

不屈の政治家として生涯を貫き、早稲田大学の創設者としても知られる大隈重信。わが国はじめての政党内閣を成立させた政治家としての足跡や、教育へむけた理念などを中心に、さまざまな分野での活躍についても紹介しています。

佐賀偉人伝03　ISBN978-4-905172-02-4

岡田三郎助　松本誠一 著

第1回文化勲章受章者である岡田三郎助は、美人画に独特の優美さをそなえ、「色彩の画家」と評されました。東京美術学校（現東京藝術大学）で教鞭を執り、帝国美術院会員、帝室技芸員として美術界を牽引。絵画作品のカラー図版も多数収録。

佐賀偉人伝04　ISBN978-4-905172-03-1

平山醇左衛門　川副義敦 著

江戸末期に佐賀藩でいちはやく導入された西洋砲術は、武雄領主・鍋島茂義の指揮のもと推進されました。その最前線にあって当時最新鋭の技術導入に奮闘し、めざましく活躍した平山醇左衛門は、突然の斬首という不可解な死を遂げました。

佐賀偉人伝05　ISBN978-4-905172-04-8

島　義勇　榎本洋介 著

島義勇は、明治初期に開拓判官として北海道に入り、札幌を中心として都市を建設するために尽力しました。新政府における開拓使設置の目的や、初代長官に鍋島直正、判官に島を選任した背景、さらに島の苦難と取組みについて検証します。

佐賀偉人伝06　ISBN978-4-905172-05-5

大木喬任　重松　優 著

大木喬任は、明治前期のわが国の制度づくりにたずさわり、とくに初代文部卿として近代的教育の確立に力を尽くしました。深く歴史に学び、経世家として評価された大木が、新しい時代へむけて抱いた構想と功績に切りこみます。

佐賀偉人伝07　ISBN978-4-905172-06-2

江藤新平　星原大輔 著

江藤新平は、微禄の武士でありながら藩内で頭角を現わし、明治政府においては、司法や教育をはじめ日本のさまざまな制度づくりに活躍しました。本書は、江藤のさまざまな動きについて、綿密に追跡しながら明らかにしていきます。

佐賀偉人伝08　ISBN978-4-905172-07-9

辰野金吾　清水重敦・河上眞理 著

幕末唐津藩で生まれた辰野金吾は、東京駅や日本銀行を手がけるなど、明治期日本の西洋建築の第一人者です。本書は、辰野の足跡をたどり、ヨーロッパ留学時のスケッチブックを手がかりに、辰野の建築様式に新たな見解を提起します。

佐賀偉人伝09　ISBN978-4-905172-08-6

佐野常民　國　雄行 著

佐野常民は日本赤十字の父として有名です。また、万国博覧会や内国勧業博覧会などの事業についても尽力しました。本書は、博覧会事業を通してうかがえる佐野の構想や業績を探ることにより、日本の近代化の一側面を描き出します。

佐賀偉人伝10　ISBN978-4-905172-09-3

納富介次郎　三好信浩 著

小城出身の納富介次郎は、日本の工芸教育のパイオニアです。海外視察の体験を生かし、日本の伝統工芸を輸出産業に発展させる方策を探求しました。日本各地に「工芸」教育の学校を興し、人づくりに貢献。異色の教育者の生涯を発掘します。

佐賀偉人伝11　ISBN978-4-905172-10-9

草場佩川　高橋博巳 著

多久邑に生まれた草場佩川は、二十代半ばにして朝鮮通信使の応接に関わり、その詩文や書画は通信使たちから絶賛されました。のちには弘道館の教授として、また文人として全国に名をとどろかせました。江戸時代に日本と朝鮮のあいだで交わされた友情の軌跡をたどります。

佐賀偉人伝12　ISBN978-4-905172-11-6

副島種臣　森田朋子・齋藤洋子 著

副島種臣は明治新国家の構築に関わり、ことに黎明期外交において活躍し、一等侍講として明治天皇の深い寵愛を受けました。本書は、欧米列強からも喝采を浴びた外交上の功績や、絶えず政府に注視された政治活動などを軸に、多くの知識人に敬仰された巨大な姿を追います。